IL POSTINO

Opera in Three Acts

(Based on the novel by Antonio Skármeta,
and the film by Michael Radford)

music and libretto
by Daniel Catán

Commissioned by the Los Angeles Opera

AMP 8254
First Printing: August 2010

Associated Music Publishers, Inc.

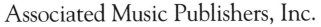

DISTRIBUTED BY
HAL•LEONARD®
CORPORATION
7777 W. BLUEMOUND RD. P.O. BOX 13819 MILWAUKEE, WI 53213

CHARACTERS

Mario Ruoppolo .... Tenor
Mario's Father .... Character Tenor
Pablo Neruda .... Tenor
Matilde Neruda .... Soprano
Giorgio .... Bass Baritone
Beatrice .... Soprano
Di Cosimo .... Baritone
Priest .... Character Tenor
Pablito .... Son of Mario and Beatrice (silent)
4 Thugs .... 2 Tenors, 2 Baritones
5 Patrons .... 3 Tenors, 2 Basses
Chorus .... TB

SYNOPSIS
(The action takes place on a small Italian island in the 1950's)

Mario Ruoppolo is a gentle young man in an insular Italian fishing village where time moves slowly. Since Mario's seasickness doesn't allow him to fish, he takes the job of postman, delivering mail on a bicycle to only a single customer, the famous Chilean poet Pablo Neruda. Neruda has been exiled to Italy because of his communist views. After a while, the two become good friends.

In the meantime, Mario meets and becomes smitten with a beautiful young lady, Beatrice Russo, in the village's only cafe. Mario has no idea how to pursue the longings of his heart. With the help of Neruda, Mario is able to better communicate his love to Beatrice through the use of poetic metaphors. Soon Mario is composing poetry of his own, with hopes of not only attracting Beatrice's attention, but of winning her heart. Mario and Beatrice are later married, and at the same time Neruda and his wife Matilde learn that they are allowed to return to Chile.

Months after Neruda's departure and subsequent lack of contact, Mario makes a nostalgic recording of island sounds for Neruda, including the heartbeat of his unborn son. Several years later, Neruda comes back to the island and finds Beatrice and her son in the same old cafe. She tells him that Mario was killed just before the birth of their son, at a communist rally in Naples. He was selected to read his poetry (dedicated to Neruda) for the crowd, but police stormed the rally before he could reach the stage. Beatrice gives Neruda the recording of island sounds that Mario had made for him.

Il POSTINO

Ópera en 3 Actos

ACTO I

PRELUDIO GRABADO

(*Conforme se ilumina el escenario vemos a Di Cosimo y a su grupo haciendo campaña. El sonido sale a través de un altavoz en el techo de un pequeño Fiat de los años 50. De repente baja la música y escuchamos una noticia importante.*)

VOZ DE LA RADIO
Interrumpimos esta transmisión
para comunicarles una noticia importante.
En estos momentos, Pablo Neruda llega a la
Estación de Roma! El gran poeta chileno es
conocido en el mundo entero por su poesía y
por sus ideas comunistas que con frecuencia
le han causado serios problemas, como el que
tiene ahora que lo ha enviado al exilio.
Cientos de admiradores, mujeres en su gran
mayoría, han venido a darle la bienvenida.
El poeta es muy querido en Italia y, a juzgar
por los abrazos entusiastas de una bella
mujer, no sólo por sus ideas egalitarias.
Las mujeres enloquecen con su poesía porque
Neruda escribe poemas de amor, un tema de
gran interés para la sensibilidad femenina...
El poeta vivirá en Italia, en la bella
isla Cala di Sotto. Italia y su
gobierno le extienden la mano a este
extraordinario poeta.

ESCENA 1

INT. CUARTO DE MARIO/COCINA

(*Mario Ruoppolo, un joven de unos veinte años, apaga la radio y regresa a sentarse en su cama. De las paredes del cuarto cuelgan afiches de películas de Hollywood con hermosas fotos de actrices. A un lado se ve la cocina. Mario lee una tarjeta postal que ha recibido. Entra el padre de Mario, un hombre ya mayor, con la piel curtida de los pescadores. Trae una canasta de la cual saca pescado fresco y lo pone en el lavabo de la cocina. El padre de Mario intenta jalar un poco de agua utilizando la bomba de mano.*)

MARIO
No papá, no hay agua. Se acabó esta
mañana. Yo también quería... se terminó.

(*El papá se sienta junto a Mario. Aprieta una taza con las dos manos.*)

MARIO
Todavía está caliente? (*sniff*)
Pesqué un resfriado esta mañana.

(*Mario se limpia las narices con la manga del chaleco.*)

MARIO
La humedad de la lancha...
Tal vez tengo alergia...

(*El padre de Mario bebe café y come pan. Mario saca la postal de su bolsillo y se la enseña.*)

MARIO
Recibí esta postal de América.
Es de Gaetano y Alfredo.

Esta es América... y este es un auto
americano. Dicen que van a comprar uno.
Aquí dice: "vamos a comprar uno."
Pero no lo creo, cuestan un
dineral. Dicen que es un país rico...
Y nosotros aquí, sin agua...

PADRE DE MARIO
Mario, nunca te ha gustado la pesca.
América o a Japón, pero ponte a trabajar.
Ya no eres un niño.

MARIO
Ah... anoche... conseguí un empleo...
en el correo. El sueldo no es gran cosa, pero
con las propinas...

(*Mario se pone su gorra de cartero con mucho orgullo.*)

PADRE DE MARIO
Cuándo comienzas?

MARIO
Mañana!

Il POSTINO

Opera in 3 Acts

ACT I

RECORDED PRELUDE

(The stage lights up to reveal Di Cosimo and his group campaigning for the elections. The sound comes out of a loud speaker on top of a little Fiat from the 50's. Suddenly the music comes down and we hear an important piece of news.)

VOICE ON THE RADIO
We interrupt this program to
bring to you an important piece of news.
At this very moment, Pablo Neruda is
arriving at Rome's Station. The great
Chilean poet is known all over the world for
his poetry and his communist ideas which
have frequently caused him problems, like
the one that has now sent him into exile.
Hundreds of admirers, mostly women, have
turned up at the Station to welcome him.
He is very much loved in Italy and, judging
by the warm hugs he is now getting from a
beautiful woman, not only for his egalitarian
ideas. Women go crazy with his poetry
because Neruda writes love poetry, a subject
of great interest to the female sensibility...
The poet will live in Italy, in the beautiful
island of Calla di Sotto. Italy and her
government welcome this
extraordinary poet!

SCENE 1

INT. MARIO'S BEDROOM/KITCHEN

(Mario Ruoppolo, a young man of about twenty years old, turns off the radio and returns to sit on his bed. The walls of Mario's bedroom show a few posters of Hollywood films and beautiful actresses. The kitchen can be seen on the side. Mario reads a postcard he's just received. An old man, Mario's father, comes in. He takes some fresh fish out of a small basket and places them into a sink. Mario's father operates a hand pump.)

MARIO
No, there's no water, Dad. It ran out this morning. I also wanted some... All gone.

(Mario's father sits next to Mario. He clutches a cup with both hands.)

MARIO
Is it still warm? *(sniffs)*
I got such a cold this morning.

(Mario wipes his nose with a handkerchief.)

MARIO
It must have been the dampness on the boat. Perhaps I'm allergic...

(Mario's father drinks coffee and eats bread. Mario takes the postcard from his pocket and shows it to his father.)

MARIO
I've received a postcard from America.
From Gaetano and Alfredo.

This is America... and this is an American car. They say they're going to buy one, too. It's written here, "We're buying one," but I don't think so because they cost a load of money. But they say it's a rich country... And we're still here, without water...

FATHER
Listen Mario, you've never liked fishing. America or Japan, but get yourself a job. You're not a kid any more.

MARIO
Ah... last night... I found a job...
in the Post Office. The salary is not great, but the tips will make up...

(Mario puts on his postman's cap with obvious pride.)

FATHER
When do you start?

MARIO
Tomorrow!

(El padre de Mario se levanta y sale de la casa.
Mario se quita la gorra, la examina, le sacude el
polvo y se la vuelve a poner con mucho
orgullo. Se recarga sobre el respaldo de la silla,
cruza los brazos detrás de la nuca y mirando
los afiches se dispone a soñar un rato.)

ESCENA 2

CASA/PATIO DE NERUDA -
DIA SIGUIENTE -
MUY TEMPRANO EN LA MAÑANA

(Neruda está sentado en el patio, escribiendo
en su cuaderno. Matilde, su esposa, entra y sale,
arreglando esto y aquello. Atiende los macetones
del patio con especial gusto.
Corta unas flores y las arregla en un florero.
Neruda la mira amorosamente. Finalmente se
levanta y la abraza por detrás.)

NERUDA
Tus manos... Todo lo
embelleces con tus manos.

MATILDE
Te gustan las flores?

NERUDA
Recién llegamos y has convertido esta
casa de exilio en un santuario.

MATILDE
Tiene sus ventajas...

NERUDA
Eh?

MATILDE
Ahora te tengo para mí.

(Ella le da una mordida en el cuello.
Ríen, se abrazan y se besan.)

NERUDA
Soy tuyo, siempre. Tú lo sabes.

MATILDE
Es bueno confirmarlo.

(Ríen.)

MATILDE
Estaba pensando que la política te ocupa
demasiado.

NERUDA
Quiero ayudar a construir un
mundo más justo.

MATILDE
Ya lo haces... con tu poesía...

NERUDA
No es suficiente...

MATILDE
Sí lo es: tu poesía nos hace libres
Nos enseñas que la verdad es
más alta que la luna
Que no somos mendigos de oscuros dioses
Y el cielo crece hacia abajo
Y las aves sueñan cuando vuelan
Y vuelan cuando aman...

NERUDA
Eres más poeta que yo!
...desnuda... luna de oro encendida.

"Desnuda eres tan simple
como una de tus manos:
Lisa, terrestre, mínima,
redonda, transparente,
Tienes líneas de luna, caminos de manzana,
Desnuda eres delgada como el trigo desnudo.

Desnuda eres azul como la noche en Cuba,
Tienes enredaderas y estrellas en el pelo.
Desnuda eres pequeña,
Desnuda eres redonda y amarilla, enorme
Como el verano en una iglesia de oro."

(Se abrazan amorosamente. La escena se
interrumpe cuando escuchan el timbre
de una bicicleta.)

ESCENA 3

CASA/PATIO DE NERUDA

(Mario, portando orgullosamente su gorra de
cartero, abre la reja. Suena el timbre de
la bicicleta.)

(Mario's father gets up and leaves the house.
Mario takes off the cap, examines it, brushes off
the dust from it and puts it on again obviously
pleased with himself. He leans back on the chair,
crosses his hands behind his neck and, dreamily,
contemplates the posters.)

SCENE 2

NERUDA'S HOUSE/PATIO -
NEXT DAY -
VERY EARLY MORNING

(Neruda is sitting at a table on the patio, writing
in his notebook. Matilde, his wife, comes in, busy
with her own things, tending the flower pots.
She cuts a few flowers and arranges them into a
vase. Neruda watches her lovingly. He then gets
up and hugs her from behind.)

NERUDA
Your hands... Everything becomes more
beautiful by the touch of your hands.

MATILDE
Do you like the flowers?

NERUDA
We've just got here and you've turned this
house of exile into a sanctuary.

MATILDE
It has its advantages...

NERUDA
Eh?

MATILDE
Now I have you all to myself!

(She bites him on the neck.
They laugh, they kiss.)

NERUDA
I'm yours, always. You know it...

MATILDE
It's good to confirm it now and then.

(They laugh.)

MATILDE
Sometimes I feel politics takes too much of
your time.

NERUDA
I want to help build a
better world.

MATILDE
You do help... with your poetry!

NERUDA
It's not enough.

MATILDE
Yes, it is! Your poetry makes us free
You show us that Truth is
higher than the moon
That we are not beggars of dark gods
And the sky grows downwards
And the birds dream as they fly
And fly when they love...

NERUDA
You are better poet than me!
...naked, you are a shining golden moon...

"Naked, you are as
simple as your hand,
Smooth, earthy, minimal,
round, transparent,
You have lines of moonlight, paths of apple,
Naked you are like slender naked wheat.

Naked, you are blue, like a night in Cuba,
Vines and stars decorate your hair.
Naked you are tiny,
Naked you are rotund and golden, grandiose
Like summer in a golden temple."

(Pablo and Matilde embrace lovingly.
They separate when they hear the
bicycle bell.)

SCENE 3

NERUDA'S HOUSE/PATIO

(Mario, wearing his postman's hat and carrying
the bag, walks to the gate. He rings his
bicycle bell.)

NERUDA
Buenos días.

MARIO
Su correo.

NERUDA
Gracias.

(Mario entrega unos paquetes a Neruda.
Neruda busca entre las cartas y sonríe al
encontrar una de ellas. Mario le extiende
una pluma y un libro de recibos, el cual es
firmado por Neruda.)

MATILDE
(desde el interior de la casa, sin ser vista)

Amor?

NERUDA
Sí...

(Matilde se asoma desde la puerta.)

MATILDE
Amor? Hay algo para mí?

NERUDA
Nada, amor.

(Matilde se decepciona. Neruda se acerca a
Matilde, escondiendo la carta detrás de la
espalda.)

MATILDE
Nada? En verdad?

(Matilde empieza a sospechar que la está
bromeando. Ríen. Matilde lo abraza y pesca
la carta que él oculta tras la espalda.)

(Se besan. Mario está fascinado mirando la
escena. Matilde entra en la casa.
Neruda la sigue, pero súbitamente se detiene en
la puerta y se vuelve para mirar a Mario.)

NERUDA
Ah.

(Neruda se acerca a Mario y le da unas monedas
de propina.)

NERUDA
Gracias.

MARIO
Gracias.

(Mario coge su bicicleta y sale.)

ESCENA 4

INT. CORREOS

(Mario sortea un montón de
correspondencia para Neruda.
Giorgio se ocupa de otras cosas.)

MARIO
Mujer... mujer...

(Mario voltea la carta y mira el revés
con curiosidad.)

MARIO
Otra mujer... Conchita, Maria Inés,
Andrea!

GIORGIO
Las mujeres en Chile se interesan en política!

MARIO
Cierto... pero todas mujeres!

GIORGIO
...se interesan en política!

MARIO
Raro.

(Mario sigue viendo las cartas.)

Mujer! Y este qué nombre es?

GIORGIO
Jean Marie.

MARIO
Jean Marie? Es hombre o mujer?

GIORGIO
Mujer!

NERUDA

Good morning.

MARIO

Your mail.

NERUDA

Thank you.

(Mario gives some packages to Neruda.
Neruda searches through the mail. He looks
at one of the letters and chuckles. Mario hands
him a pen and a receipt book,
which he signs.)

MATILDE

(off stage, from inside the house)

Love?

NERUDA

Yes...

(Matilde appears in the doorway.)

MATILDE

Love? Anything for me?

NERUDA

Nothing, my love.

(Matilde is disappointed. Neruda walks to
Matilde, holding a letter behind his back.)

MATILDE

Nothing? Oh, really?

(Matilde now suspects he is teasing her.
They laugh. Matilde embraces him and takes
the letter from behind his back.)

(They kiss. Mario is both fascinated and shy.
Matilde goes back into the house and
Neruda follows. Neruda stops at the
door and looks at Mario.)

NERUDA

Oh.

(Neruda walks up to him and gives him some
coins.)

NERUDA

Thank you.

MARIO

Thank you.

(Mario picks up his bicycle and rides away.)

SCENE 4

INT. POST OFFICE

(Mario holds a stack
of Neruda's letters as
Giorgio works in the background.)

MARIO

Female... female...

(Mario turns one of the letters over and
looks at it.)

MARIO

Another female... Conchita, Maria Inés,
Andrea!

GIORGIO

Even the women are interested in politics in
Chile!

MARIO

I know, but all females?

GIORGIO

...are interested in politics!

MARIO

That's strange.

(He continues looking at the letters.)

And this one, what is it?

GIORGIO

Jean Marie.

MARIO

Jean Marie? Is that male or female?

GIORGIO

Female!

MARIO

Lo sabía!

GIORGIO

Mario, dime: Cómo es don Pablo? Es...
normal?

MARIO

Normal? Sí... normal. Claro,
muy diferente cuando habla. Te das cuenta
inmediatamente... Sabes cómo le dice su
mujer? "Amor!"

GIORGIO

No.

MARIO

Sí. Aún si están lejos...
"amor"

GIORGIO

Es verdad?

MARIO Y GIORGIO

Es un poeta!

MARIO

Así te das cuenta.

(Mario coge un libro que recién ha comprado:
"Odas Elementales.")

MARIO

Voy a pedirle un autógrafo. Y cuando
vaya a Nápoles, lo enseño a las chicas;
que vean que soy amigo del gran poeta,
Neruda, el poeta del amor.

GIORGIO

El poeta del pueblo!

MARIO

Sí, también.

INTERLUDIO – Mario en su bicicleta

ESCENA 5

CASA/PATIO DE NERUDA - DIA

(Neruda está en la cocina, cortando
verduras y combinando ingredientes.
Mario lo mira desde la reja del patio.
Mario toca el timbre de su bicicleta.)

MARIO

Correo.

(Mario abre la reja al tiempo que Neruda camina
hacia él. Mario le entrega el correo
y Neruda le da una propina.)

NERUDA

Gracias.

MARIO

Gracias.

(Neruda regresa a la cocina y se sienta.
Mario lo mira con interés.)

NERUDA

Qué pasa?

MARIO

(confundido)

Don Pablo?

NERUDA

Te quedas ahí parado como un poste.

MARIO

Clavado como una lanza?

NERUDA

No, quieto como torre de
ajedrez.

MARIO

Más tranquilo que gato de porcelana?

NERUDA

Mario, aparte de "Odas Elementales" tengo
otros libros mejores.

(Mario sonríe.)

MARIO

I knew it!

GIORGIO

Hey... What's don Pablo like? Is he... normal?

MARIO

Normal? Yes... normal. Of course, he talks differently. You can tell immediately. Know what he calls his wife? "Amor!"

GIORGIO

No.

MARIO

Yes. Even if he's standing far away, they call each other "amor."

GIORGIO

Really?

MARIO AND GIORGIO

He's a poet!

MARIO

That's how you can tell.

(Mario picks up a book. He has bought "Odas Elementales.")

MARIO

I'll ask him to sign my book. Then, when I go to Naples, I can show all the girls that I am a friend of Neruda, the poet of love!

GIORGIO

The poet of the people!

MARIO

Yes, that too.

INTERLUDE - Mario riding his bicycle

SCENE 5

NERUDA'S HOUSE/PATIO - DAY

(Neruda is in the kitchen, cutting vegetables and mixing things as Mario looks on from the gate. Mario rings the bell on his bicycle.)

MARIO

Mail!

(Mario opens the gate as Neruda gets up and walks to him. Mario gives Neruda some mail as Neruda gives Mario some money.)

NERUDA

Thank you.

MARIO

Thank you.

(Neruda walks to the table and sits down as Mario looks on.)

NERUDA

What's the matter?

MARIO

(confused)

Don Pablo?

NERUDA

You're standing as stiff as a post.

MARIO

Nailed like a spear?

NERUDA

No. Immobile like the castle on a chess board.

MARIO

Stiller than a porcelain cat.

NERUDA

"Elementary Odes" isn't my only book. I've written others.

(Mario smiles.)

NERUDA

No es justo que me sometas a comparaciones
y metáforas.

(Neruda revisa su correspondencia.)

MARIO

(confundido)

Don Pablo?

NERUDA

Qué pasa?

MARIO

Qué son esas cosas?

NERUDA

(sonriendo)

Metáforas?
Son modos de decir una cosa
comparándola con otra.

MARIO

Se usa en la poesía?

NERUDA

Sí, también ahí.

MARIO

Deme un ejemplo.

NERUDA

Cuando tú dices que el cielo está llorando.
Qué quieres decir?

MARIO

Que está lloviendo.

NERUDA

Muy bien. Pues eso es una metáfora.

MARIO

Qué fácil!

NERUDA

Mm-hm.

MARIO

Y por qué se llama tan complicado?

NERUDA

Nada tiene que ver con la
sencillez o la complejidad de las cosas.

(Neruda se percata de una carta en particular.)

NERUDA

Podrías abrirme esa carta?

MARIO

Quién, yo?

NERUDA

Sí, tú.

MARIO

Está escrita... es del extranjero.

NERUDA

Sí, es de Suecia.

MARIO

Y?

NERUDA

El Premio Nobel de Literatura.

MARIO

Un premio...

NERUDA

Si me lo llegan a dar, no lo voy a rechazar.

MARIO

Se lo van a dar.

NERUDA

Hay muy buenos candidatos...

MARIO

Se lo van a dar, estoy seguro.

NERUDA

(sonriendo)

Gracias.

MARIO

Abro las otras cartas?

NERUDA

No, después las leo.

NERUDA

It's unfair of you to shower me with similes and metaphors.

(Neruda peruses the mail.)

MARIO

(confused)

Don Pablo?

NERUDA

What is it?

MARIO

What are those?

NERUDA

(chuckling)

Metaphors? Metaphors are... how can I explain... when you talk of something comparing it to another.

MARIO

Is it something you use in poetry?

NERUDA

Yes, that too.

MARIO

For example?

NERUDA

When you say, "the sky weeps," what do you mean?

MARIO

That it is raining.

NERUDA

Yes, very good. That's a metaphor.

MARIO

It's easy then!

NERUDA

Mm-hm.

MARIO

Why has it got such a complicated name?

NERUDA

Names have nothing to do with the simplicity or complexity of things.

(Neruda notices one particular letter in the pile.)

NERUDA

Will you open this, please?

MARIO

Who, me?

NERUDA

Yes, you.

MARIO

It's written in... it's foreign.

NERUDA

Yes, it's from Sweden.

MARIO

So?

NERUDA

The Nobel Prize for Literature.

MARIO

A prize then?

NERUDA

If they give it to me I won't refuse.

MARIO

You'll get it.

NERUDA

There are many good candidates.

MARIO

No, you'll get it, I'm sure.

NERUDA

(chuckling)

Thank you.

MARIO

Shall I open the other letters?

NERUDA

No, I'll read them later.

MARIO
Son cartas de amor?

NERUDA
Qué pregunta!
Qué no te oiga Matilde!

MARIO
Perdón, Don Pablo, yo... Don Pablo...
Quiero ser poeta!

NERUDA
Mejor ser cartero,
caminas mucho y no engordas.

MARIO
No, Don Pablo, con la poesía puedo
enamorar a las mujeres.

NERUDA
Es mejor cartero, más original

MARIO
Cómo se hace uno poeta?

NERUDA
Caminando. Observa el movimiento del
mar.

MARIO
El movimiento del mar?

NERUDA
Te vas por la caleta y observas el mar.

MARIO
Por la caleta y observo el mar. Y así vienen
esas metáforas?

NERUDA
Seguro vienen.

NERUDA Y MARIO
Metáforas!

NERUDA
Este lugar es tan hermoso!

MARIO
De veras?

NERUDA
Escucha.

(Mario se sienta al lado de Neruda.)

NERUDA
"Aquí en la Isla, el mar, y cuánto mar.
Se sale de sí mismo a cada rato. Dice sí, que
no, que no. Dice que sí, en azul, en espuma,
en galope. Dice que no, que no. No puede
estarse quieto. Me llamo mar, repite
pegando en una piedra sin lograr
convencerla. Entonces con siete lenguas
verdes, de siete perros verdes, de siete tigres
verdes, de siete mares verdes, la recorre, la
besa, la humedece, y se golpea el pecho
repitiendo su nombre."

Qué te parece?

MARIO
Raro.

NERUDA
"Raro."
Qué crítico más severo que eres!

MARIO
No, don Pablo. Raro es como yo me sentía
cuando usted recitaba el poema.

NERUDA
Cómo?

MARIO
Cómo se lo explicara? Cuando usted decía el
poema, las palabras iban de acá pa'llá.

NERUDA
Como el mar!

MARIO
Sí, se movían igual que el mar.

NERUDA
Eso es el ritmo.

MARIO
Y me marié.

NERUDA
(sonriendo)

Te mareaste?

MARIO
Are they love letters?

NERUDA
What a question!
Don't let Matilde hear you.

MARIO
I'm sorry, Don Pablo. I...
I'd like to be a poet.

NERUDA
No, it's better being a postman...
you get to walk a lot and don't get fat.

MARIO
No, Don Pablo ...with poetry I could make
women fall for me.

NERUDA
Postman is better, more original.

MARIO
How do you become a poet?

NERUDA
Try walking slowly along the shore and look
at the sea.

MARIO
The movement of the sea?

NERUDA
Go down by the port and look at the sea.

MARIO
And will they come to me... these
metaphors?

NERUDA
Certainly.

NERUDA AND MARIO
Metaphors!

NERUDA
This place is so beautiful!

MARIO
You think so?

NERUDA
Listen.

(Mario sits down next to Neruda.)

NERUDA
"Here on the island, the sea, so much sea.
It spills over from time to time. It says yes,
Then no, then no. In blue, in foam,
in a gallop. It says no, then no. It cannot
be still. My name is Sea, it repeats,
striking a stone but not convincing it.
Then with the seven green tongues, of
seven green dogs, of seven green tigers, of
seven green seas, it caresses it,
kisses it, wets it, and pounds on its chest,
repeating its own name."

Well? What do you think?

MARIO
It's weird.

NERUDA
What do you mean, weird?
You're a severe critic.

MARIO
No, don Pablo. Weird... how I felt
while you were saying it.

NERUDA
How was that?

MARIO
I don't know...
the words went back and forth.

NERUDA
Like the sea, then?

MARIO
Exactly, like the sea.

NERUDA
There, that's the rhythm.

MARIO
I felt sea-sick.

NERUDA
(chuckling)

Sea-sick.

MARIO
Sí! Yo iba como un barco temblando
en sus palabras.

NERUDA
"Temblando en mis palabras."

MARIO
Claro!

NERUDA
Mario, sabes lo que has hecho?

MARIO
No.

NERUDA
Una metáfora.

MARIO
No.

NERUDA
Sí.

MARIO
De veras?

NERUDA
Sí, seguro.

MARIO
Pero no vale.
Me salió de pura casualidad.

NERUDA
No importa. Las imágenes surgen
espontáneamente.

MARIO
Usted cree que, por ejemplo, no
sé si me entienda... que todo el
mundo, el viento, los mares, las montañas,
el fuego, las casas, las lluvias...

NERUDA
... ya puedes decir "etcétera."

MARIO
Etcétera... Usted cree que el
mundo entero es una metáfora?
Es una huevada lo que pregunté?

NERUDA
No, hombre!

MARIO
Puso una cara rara.

NERUDA
Mario, hagamos un trato.
Voy a meditar...

MARIO
Mi pregunta?

NERUDA
...mañana te contesto y te doy mi opinión.

MARIO
En serio, don Pablo, me va a contestar si el
mundo entero, todo es una metáfora?

NERUDA
Seguro, lo voy a pensar.

NERUDA Y MARIO
Metáforas!

(*Mario se encamina hacia la reja, pero titubea.
No quiere irse.*)

MARIO
Metáforas?

NERUDA
Metáforas...

Metáforas, atrapa esas metáforas

MARIO
Metáforas, estoy listo!

NERUDA
Hay grandes, redondas

MARIO
Pequeñas, delgadas

NERUDA
Gordas

MARIO
Flacas

NERUDA
Verdes

MARIO

Yes... I felt like... like a boat tossing around on those words.

NERUDA

...tossing around on my words?

MARIO

Yes.

NERUDA

Mario, do you know what you've done?

MARIO

No, what?

NERUDA

You've invented a metaphor.

MARIO

No.

NERUDA

Yes!

MARIO

Really?

NERUDA

Yes! I'm certain.

MARIO

But it doesn't count...
because I didn't mean to.

NERUDA

Meaning to is not important. Images arise spontaneously.

MARIO

You mean then that...for example, I don't know if you follow me... that the whole world... the wind, the sea, the mountains, fire, houses, the rain...

NERUDA

...now you can say "etc."

MARIO

Etc. Do you think the whole world is a metaphor? I'm talking crap.

NERUDA

No, not at all.

MARIO

You pulled a strange face.

NERUDA

Mario, let's make a pact.
I'll ponder your question...

MARIO

Really?

NERUDA

...And I'll give you an answer tomorrow.

MARIO

Really? Will you tell me if the whole world is a metaphor?

NERUDA

Sure, I'll think about it.

NERUDA AND MARIO

Metaphors!

(Mario heads towards the gate, but hesitates and looks back.)

MARIO

Metaphors?

NERUDA

Metaphors...

Metaphors, catch those metaphors

MARIO

Metaphors, I am ready!

NERUDA

Some are big, others round

MARIO

Small, thin

NERUDA

Fat

MARIO

Skinny

NERUDA

Green

MARIO
Rojas

NERUDA Y MARIO
Todas son metáforas!

NERUDA
Hay dulces, picantes

MARIO
Amargas e irritantes

NERUDA
Frías

MARIO
Calientes

NERUDA
Ríen

MARIO
Lloran

NERUDA
Esas

MARIO
También

NERUDA Y MARIO
Son metáforas!

NERUDA
Hay unas metáforas escapadizas
Líquidas humeantes asfixiantes
Ten cuidado con ellas!

MARIO
El viento, la marea, tormentas...

NERUDA
Rabiosas!

MARIO
La luna, las estrellas, campanas...

NERUDA
Pelirrojas!

MARIO
Escandalosas! Ah...

NERUDA Y MARIO
Todas, todas, al fin, son metáforas!

NERUDA
Hasta mañana.

(*Mario sale de escena absolutamente feliz.*)

ESCENA 6

INT. CAFÉ/BAR - TARDE, POCO ANTES DE ANOCHECER

(*Beatrice Russo, una hermosa joven, se ocupa de los quehaceres del café-bar. Seca unos vasos y atiende a unos clientes. Tres hombres ocupan una mesa. Uno de ellos es el percusionista con un pandero. Beatrice canta una romanza.*)

(*Mario, con su libro de poesía bajo el brazo, entra y se sienta mientras ella canta.*)

BEATRICE

Ay! Morenica me llaman
Aunque blanca nací
Y de un sol en verano
Me puse así...

Ay! Morenica me llaman
Los marineros de aquí
Si otra vez me llaman
Me voy de aquí...

Ay! Morenica me llama
El hijo del Rey
Si otra vez me llama
e voy con él...

(*Aplausos de los clientes.*)

CLIENTE 1
Llegó Mario!

CLIENTE 2
El hijo del Rey!

(*Risas.*)

MARIO

Red

NERUDA AND MARIO

They're all metaphors!

NERUDA

Some are sweet, others spicy

MARIO

Bitter, irritating

NERUDA

Cold

MARIO

Hot

NERUDA

Some laugh

MARIO

Some weep

NERUDA

Those

MARIO

Also

NERUDA AND MARIO

Are metaphors!

NERUDA

Some metaphors are slippery
Liquid smokey asphyxiating
Be careful with those!

MARIO

The wind, the tide, storms...

NERUDA

Ferocious!

MARIO

The moon, the stars, bells...

NERUDA

Brunettes!

MARIO

Outrageous! Ah...

NERUDA Y MARIO

They all are, in the end, metaphors!

NERUDA

Until tomorrow.

(*Mario exits feeling extremely happy.*)

SCENE 6

INT. CAFÉ/BAR -
LATE AFTERNOON

(*Beatrice Russo, a beautiful young woman, occupies herself behind the bar. She dries some glasses and looks after a few patrons. Three patrons sit at one table. One of them will be the tambourine player. Beatrice sings a Romanza.*)

(*Mario, with his poetry book in hand, walks through the doorway, to the bar, and sets down his bag.*)

BEATRICE

Morenica they call me
Though white I was born
But the sun in the summer
Made me so, made me so...

Morenica they call me
The sailors from here
If again they call me
I will go, I will go...

If I hear *Morenica*
And it is the King's son
He just has to call me
I will go, I will go...

(*Applause from the patrons.*)

PATRON 1

There's Mario!

PATRON 2

The son of the King!

(*They laugh.*)

CLIENTE 3

No, Mario es nuestro joven Poeta!

CLIENTE 2

Comunista! No cualquiera, que quede claro!

(Beatrice se ha ido a la mesa de futbolito.)

BEATRICE

(a Mario, invitándolo)

Ven.

(Mario la mira y se dirige a la mesa para jugar un partido con ella.)

CLIENTE 3

Y futbolista también!

(Mario ignora sus chistes. Se acerca a la mesa y empieza el partido. Se miran furtivamente mientras juegan. Es como un torneo de exclamaciones. Beatrice mete un gol, se inclina, recoge la pelota y continúa el juego. Una vez más, Beatrice mete otro gol. Mario la mira hipnotizado. Beatrice recoge la pelotita y se la mete en la boca, sujetándola con los dientes. Ella lo invita a que tome la pelotita de su boca, pero en cuanto Mario se dispone a hacerlo, ella la escupe, mete el último gol y el partido termina. Mario la contempla extasiado. Beatrice regresa a la barra, coge un trapo y se pone a secar unas copas. Mario recoge la pelotita y se la echa al bolsillo. Mario mira a Beatrice sin parpadear.)

BEATRICE

Qué miras, nunca has visto a una mujer?

MARIO

Cómo te llamas?

BEATRICE

Beatrice Russo.

MARIO

(suavemente)

Beatrice Russo...

ESCENA 7

CASA DE NERUDA -
MUY TEMPRANO

(Mario toca por la ventana. Neruda, todavía en bata, se dirige a la puerta para abrirle.)

MARIO

Don Pablo! Don Pablo!
Tengo que hablar con usted.

NERUDA

Ha de ser importante: bufas como un caballo.

MARIO

Don Pablo! Don Pablo: *(con mucha dignidad)*
Estoy enamorado.

NERUDA

Bueno, no es tan grave. Tiene remedio.

MARIO

No! Don Pablo, quiero seguir enfermo.

NERUDA

De quién?

MARIO

Beatrice.

NERUDA

Dante.

MARIO

Don Pablo?

NERUDA

Dante Alighieri. Se enamoró también de una Beatrice. Las Beatrices producen amores inconmensurables.

(Mario se busca en las bolsas tratando de encontrar su bolígrafo. Finalmente coge una pluma que encuentra en la mesa. Mario escribe sobre la palma de su mano.)

NERUDA

Mario? Qué haces?

MARIO

Escribo el nombre de ese poeta....con "h" ?

PATRON 3

No, Mario is our young poet!

PATRON 2

Communist! Not just anyone, let's be clear!

(Beatrice has gone over to the soccer table.)

BEATRICE

(She makes a beckoning gesture with her head.)

Come.

(Mario goes over and begins playing the soccer game with her.)

PATRON 3

Foot-baller too!

(Mario ignores their jokes. He goes to the table and the game begins. They look at each other surreptitiously as they play. They behave as if this was a tournament of exclamations. Beatrice wins a point, bends down, picks up the ball, and continues to play. Again, Beatrice scores, bends over and picks up the ball. Mario watches her as if in a trance. She picks up the ball and puts it between her lips, inviting him to grab it from her. As he is about to get the ball, she spits it out and scores another point: game over. Beatrice returns to her duties behind the counter. Mario looks at her without saying a word. He then picks up the little ball and puts it in his pocket.)

BEATRICE

What's up, never seen a woman before?

MARIO

What's your name?

BEATRICE

Beatrice Russo.

MARIO

(whispering)

Beatrice Russo.

SCENE 7

NERUDA'S HOUSE -
VERY EARLY MORNING

(Mario knocks on the glass. Neruda, wearing a bathrobe, walks to the door and opens it.)

MARIO

Don Pablo, don Pablo,
I've got to talk to you.

NERUDA

It must be important. You're snorting like a horse.

MARIO

Don Pablo, don Pablo: (with great dignity)
I've fallen in love.

NERUDA

Nothing serious... there's a remedy.

MARIO

No, don Pablo! I want to stay sick.

NERUDA

Who are you in love with?

MARIO

Beatrice.

NERUDA

Dante.

MARIO

Don Pablo?

NERUDA

Dante Alighieri. He fell for a certain Beatrice. Beatrices have inspired boundless love.

(Mario looks for a pen in his pocket. Finally he sees one on the table and takes it. Mario starts to write on the palm of his hand.)

NERUDA

Mario? What are you doing?

MARIO

Writing down the name of that poet. Has it got an "h" in it?

NERUDA
Dame, yo te lo escribo.

MARIO
Gracias.

(Neruda escribe en la palma de Mario.)

NERUDA
Ya!

MARIO
Estoy enamorado.

NERUDA
Eso ya lo dijiste.

MARIO
Tiene que ayudarme...

NERUDA
Yo?

MARIO
Allí estaba frente a mí. Me quedé mudo.
No me salió una sola palabra.

NERUDA
Cómo! No has hablado con ella?

MARIO
Casi nada. Me la quedé mirando y me
enamoré.

NERUDA
Así tan rápido?

MARIO
No, no, tan rápido no. Como diez minutos.
Después le pregunté: ¿cómo te llamas?

NERUDA
Y ella?

MARIO
Beatrice Russo.

NERUDA
Y tú?

MARIO
Nada, no se me ocurrió nada.

NERUDA
Nada de nada? No le dijiste ni una palabra?

MARIO
Le dije cinco palabras.

NERUDA
Cinco palabras? Cuáles?

MARIO
Cómo te llamas?

NERUDA
Y ella?

MARIO
Beatrice Russo.

NERUDA
A ver: "cómo te llamas:" eso hace tres
palabras. Cuáles fueron las otras dos?

MARIO
Repetí: "Beatrice Russo."

(Neruda se cubre la cara con las manos.)

MARIO
Don Pablo, si no fuera molestia...
puede escribirme un poema para ella?

NERUDA
Qué?! Ni siquiera la conozco. Un poeta
necesita conocer a la persona para inspirarse.

(Mario saca la pelotita de su bolsa.)

MARIO
Aquí tengo esta pelotita. Beatrice la tuvo en
sus labios.

NERUDA
Y qué?

MARIO
Puede ayudar para que se inspire.

(Neruda está visiblemente desesperado.)

MARIO
Mire, poeta, si un simple poema le causa
tantos problemas, jamás ganará el
Premio Nobel.

NERUDA
Give me, I'll write it for you.

MARIO
Thank you.

(Neruda writes on Mario's hand.)

NERUDA
There!

MARIO
I'm in love.

NERUDA
You've already told me that.

MARIO
You've got to help me...

NERUDA
I?

MARIO
There she was, in front of me. I stared at her
but I couldn't utter a word.

NERUDA
What? You didn't say anything to her?

MARIO
Not much. I watched her and fell
in love.

NERUDA
Just like that? So fast?

MARIO
No, not so fast. In about ten minutes.
Then I asked her "what's your name?"

NERUDA
And she?

MARIO
Beatrice Russo.

NERUDA
And you?

MARIO
I couldn't think of anything to say.

NERUDA
Nothing at all? You didn't say a word?

MARIO
I said five words to her.

NERUDA
Five words! Which were?

MARIO
What's your name?

NERUDA
And she?

MARIO
Beatrice Russo.

NERUDA
Let's see: "What's your name?" that's three
words. And the other two?

MARIO
I repeated: Beatrice Russo.

(Neruda covers his face with his hands.)

MARIO
Don Pablo, I don't want to bother you, but...
can you write me a poem for Beatrice?

NERUDA
What? I don't even know her! A poet needs
to know the person that's inspiring him!

(Mario holds up the little white ball.)

MARIO
I've got this little ball. Beatrice put it in her
mouth.

NERUDA
So what?

MARIO
It might help your inspiration...

(Neruda looks desperate.)

MARIO
Look, Poet, if one little poem causes you
such trouble, you're never going to win that
Nobel Prize!

NERUDA

Mario, enloqueciste! Despiértame de esta extraña pesadilla.

MARIO

Usted es el único en esta isla que me puede ayudar! Todos aquí son pescadores.

NERUDA

Y qué? También ellos enamoraron a sus mujeres. Qué hace tu padre?

MARIO

Pescador.

NERUDA

Ahí tienes! Alguna vez debe haber hablado con tu madre, para pedirle matrimonio.

MARIO

No creo. Casi no habla...

NERUDA

Vamos, dame mi correo.

(Mario saca las cartas de su bolso y se las da a Neruda. Neruda saca unas monedas de su bolsillo para darle a Mario su propina.)

MARIO

Gracias, no la quiero.

(Neruda regresa las monedas a su bolsillo. Mario sale.)

ESCENA 8

EXT. MARIO CAMINANDO POR LAS CALLES - TARDE

(Mario camina como si anduviera perdido, visiblemente triste. En la playa los pescadores recogen sus redes y cantan al mar antes de reunirse con sus enamoradas.)

CORO

Ya duerme
duerme el mar
Ahora vuelvo
a mi Rosa a mi Coral.

Duerme
duerme el mar
de los labios
del mar vuelvo a ti

De los labios
del mar
vuelvo a tu boca
a mi Rosa a mi Coral

(Mario sentado en algún rincón, abre su cuaderno y trata de escribir, pero no se le ocurre nada. Cierra su cuaderno. De repente, se le ocurre una idea: saca el libro de Neruda "Odas Elementales."
Hojea el libro y finalmente empieza a copiar un poema en su cuaderno. Sus gestos delatan la felicidad que siente al haber pensado en esta solución a su problema poético. Mario canta algunas de las palabras claves del poema que copia. Así, el Acto termina en un tono triunfal.)

MARIO

Azul... Luminosa! Tu sonrisa!
Luminosa, mariposa,
Tu sonrisa, Beatrice,
Desnuda!

FIN DEL ACTO I

ACTO II

ESCENA 1

INT. CUARTO DE BEATRICE - MAÑANA

(Beatrice está sentada en la cama, mirando hacia la ventana. Entra Donna Rossa.)

DONNA ROSA

Qué haces?

BEATRICE

Estaba pensando.

DONNA ROSA

Con la ventana abierta?

BEATRICE

Sí, abierta.

NERUDA

Mario, you're crazy! Wake me up from this
nightmare!

MARIO

You are the only one that can help me!
They're all fishermen here!

NERUDA

So what? Fishermen fall in love too! What
does your father do?

MARIO

Fisherman.

NERUDA

There you are! He must have spoken to your
mother to get her to marry him.

MARIO

I don't think so. He doesn't talk much.

NERUDA

Come on, give me my mail.

*(Mario takes some mail out of his bag and gives
it to Neruda. Neruda takes some money out of
his pocket and holds it out to Mario.)*

MARIO

Thank you, I don't want it.

*(Neruda puts the money in his pocket.
Mario exits.)*

SCENE 8

EXT. MARIO WANDERS AROUND -
AFTERNOON

*(Mario wanders around, visibly upset.
On the beach he can see fishermen
gathering their nets and singing before
going home to their lovers.)*

CHORUS

The sea
is now asleep
And I return
to my Rose and my Coral

The sea
is now asleep
And I return
from its lips to you

From the lips
of the sea
I return to your mouth
to my Rose and my Coral

*(Mario sits down somewhere. He opens his
notebook and tries to write, but nothing comes.
He shuts the notebook. Suddenly,
an idea: he pulls out Neruda's book that he
always carries with him "Odas Elementales".
He opens it, finds a poem and starts copying
it to his notebook. His gestures betray
the happiness he feels having found a
solution to his poetry problem. Mario sings
a few key words from the poem he is
copying. The Act thus comes to an end with
a triumphant note.)*

MARIO

Blue... Luminous! Your smile!
Luminous... butterfly...
Your smile... Beatrice...
Naked!

END OF ACT I

ACT II

SCENE 1

INT. BEATRICE'S BEDROOM -
MORNING

*(Beatrice is sitting on her bed, looking out a
window. Donna Rosa enters.)*

DONNA ROSA

What are you doing?

BEATRICE

I'm thinking.

DONNA ROSA

With the window open?

BEATRICE

Yes, open.

DONNA ROSA
Vamos a hablar claro: qué te dijo?

BEATRICE
Metáforas.

DONNA ROSA
Metáforas? Nunca te oí una palabra tan
larga. Qué metáforas te hizo?

BEATRICE
Hizo? Me dijo: "tu sonrisa
se extiende en tu rostro como mariposa."

DONNA ROSA
Entonces? Qué hiciste tú?

BEATRICE
Me quedé callada.

DONNA ROSA
Y él?

BEATRICE
Qué más me dijo?

DONNA ROSA
No, qué más te hizo? Además de boca
tiene manos!

BEATRICE
No me tocó en ningún momento. Estaba
feliz de estar tendido con a una joven pura.

DONNA ROSA
Y qué más?

BEATRICE
Me miró a los ojos, largo rato,
pensando...

DONNA ROSA
Mira, mijita! Cuando un hombre te
toca con palabras falta poco para que meta
las manos!

(*Beatrice se recuesta en la cama.*)

BEATRICE
Nada tienen de malo las palabras.

DONNA ROSA
Son lo peor. Prefiero que un
borracho te toque el culo a que
te digan que tu sonrisa vuela...

BEATRICE
Se "extiende" en tu rostro... como mariposa!

DONNA ROSA
Que vuele o se extienda, da lo mismo!
Ardes! Mira cómo estás! Un horno!

(*Beatrice se sienta. Donna Rosa se percata
de una nota alojada en el sostén de Beatrice.
Donna Rosa le arrebata la nota y se
la guarda en el bolsillo.*)

BEATRICE
Démela, es mía!

DONNA ROSA
Hasta mañana!

(*Donna Rosa azota la puerta al salir.*)

ESCENA 2

EXT. CALLE AFUERA DEL BAR
- DIA

(*Di Cosimo, un político bien vestido,
camina entre varios trabajadores que conectan
tubos y mangueras de agua de un camión. Viene
acompañado de músicos y pancartas que anuncian
su campaña: Vote por Di Cosimo!*)

DI COSIMO
Cala di Sotto, orgullo de Italia!
Madre, Patria, rica, prodigiosa,
Sublime, noble, fértil y abundante
Cala di Sotto.

Isla perfecta, estrella de mar,
Fastuosa, bella, el último horizonte
Todos tus hijos saldremos a votar
Por la Victoria!

(*Donna Rosa sale a ver lo que sucede.*)

DONNA ROSA

Be honest with me: what did he tell you?

BEATRICE

Metaphors.

DONNA ROSA

Metaphors? Never heard such big words
from you before. What metaphors did he do
to you?

BEATRICE

Did? He said them! He said my smile
spreads across my face like a butterfly.

DONNA ROSA

And then? What did you do?

BEATRICE

I kept quiet.

DONNA ROSA

And he?

BEATRICE

What else did he say?

DONNA ROSA

No, what did he do? As well as a mouth, he
has two hands!

BEATRICE

He never touched me. He said he was happy
to be next to a pure young woman.

DONNA ROSA

Really? What else?

BEATRICE

He looked at my eyes for a long time...
thinking.

DONNA ROSA

Enough, my child! When a man starts to
touch you with words, he's not far off with
his hands.

(Beatrice lies down on the bed.)

BEATRICE

There's nothing wrong with words.

DONNA ROSA

Words are the worst things ever. I'd prefer a
drunkard at the bar touching your bum, to
someone who says your smile flies...

BEATRICE

It "spreads" over your face like a butterfly!

DONNA ROSA

Flies, spreads, it's the same thing! You are
burning! Just look at you! Like an oven!

(Beatrice starts to sit up. Donna Rosa
notices a note folded in Beatrice's brassiere.
She snatches the note out, puts it in her
own pocket and exits.)

BEATRICE

Give it back, it's mine!

DONNA ROSA

Good night!

(Donna Rosa slams exits slamming the door.)

SCENE 2

EXT. STREET IN FRONT OF THE BAR
- DAY

(Di Cosimo, a well-dressed male politician,
walks past several men working with a hose
connected to a tanker truck. He is followed by a
small band of musicians and signs advertising his
campaign: Vote for Di Cosimo!)

DI COSIMO

Cala di Sotto, pride of Italy!
Our Mother Land, rich, prodigious,
Sublime, noble, fertile, abundant
Cala di Sotto.

Perfect island, a star in the sea,
Plentiful, beautiful, the last horizon,
All your children will come out to vote
For Victory!

(Donna Rosa comes out to see what's happening.)

MATÓN 1

Eh! Sr. Di Cosimo, echo toda el
agua?

DI COSIMO

Toda, toda! El agua es
necesaria. Es mi promesa en mi boleta!

(Donna Rosa se acerca a Di Cosimo.)

DONNA ROSA

Sr. Di Cosimo, gracias por el agua. Cómo
puedo agradecerle?

DI COSIMO

Nada, es mi deber!. Sólo vote!

VARIOS
ALDEANOS

A) Nos prometieron agua corriente
hace dos años.
B) No hicieron nada!
C) Mentirosos, ladrones!

LIDER DEL GRUPO DE DI COSIMO

(dirigiéndose al que gritó el último insulto)

Cuidado!

DI COSIMO

Hace dos años no fue Di Cosimo
el que prometió agua para todos! Me
comprometo y hago un juramento!
Veinte familias vendrán a trabajar. Habrá
que darles algo que comer. Tal vez
Donna Rosa pueda acomodarlos...?

DONNA ROSA

Por supuesto que sí!
DI COSIMO

A la Victoria!

DONNA ROSA Y DI COSIMO

Di Cosimo ha dado su palabra!
Agua corriente para nuestra isla!

DI COSIMO

Es mi promesa! Un juramento!

DONNA ROSA

Vamos! Vamos!

(Donna Rosa está feliz. Salen todos y Donna
Rosa se une a la campaña.)

ESCENA 3

AFUERA DEL CAFÉ.

(Mario está esperando que salga Beatrice para
hablar con ella. Al verla salir se dirige a ella.)

MARIO

Beatrice, Beatrice, espera un momento!

BEATRICE

No puedo.

MARIO

Tu risa... es... una rosa...

Beatrice se detiene, sorprendida.

BEATRICE

No puedo quedarme aquí...

MARIO

Solo un momento...
Beatrice, tu tienes... líneas de luna...
Caminos de manzana...
Eres azul...

BEATRICE

Ay! Líneas de luna... Manzana... Azul, azul...

MARIO

Tu sonrisa se extiende sobre tu rostro
Como mariposa...

BEATRICE

Como mariposa...

(Sale Beatrice lentamente. Mario la mira
enamorado.)

ESCENA 4

INT. CASA DE NERUDA -
TEMPRANO EN LA MAÑANA

(Neruda, en pijama, abre la
puerta a Mario.)

THUG 1

Hey, Mr. Di Cosimo, shall I empty all the water?

DI COSIMO

All of it, all of it. Water is a prime necessity. It is the pledge in my contract.

(Donna Rosa walks up to Di Cosimo.)

DONNA ROSA

Mr. Di Cosimo, thank you! What can I do to thank you?

DI COSIMO

Nothing, it's my duty! Just vote!

VARIOUS PEOPLE FROM THE CROWD

A) They promised us running water two years ago!
B) Nothing was done!
C) Liars! Thieves!

LEADER OF DI COSIMO'S GROUP

(to the person that shouted the insult)

Careful!

DI COSIMO

Two years ago it wasn't Di Cosimo who promised you. This is a pledge, an oath!
Twenty families will come here to work. They will have to eat somewhere... Maybe Donna Rosa can accommodate them...?

DONNA ROSA

Of course I can!

DI COSIMO

To Victory!

DONNA ROSA AND DI COSIMO

Di Cosimo has given his word! Running water for our island!

DI COSIMO

A pledge! An oath!

DONNA ROSA

Let's go!

(Donna Rosa is delighted. They all exit. Donna Rosa joins the marching group in the campaign.)

SCENE 3

EXT. CAFÉ

(Mario is waiting to catch Beatrice as she exits the café. He approaches her the moment he sees her.)

MARIO

Beatrice, Beatrice, wait a moment!

BEATRICE

I can't.

MARIO

Your smile... is... like a rose...

(Beatrice is surprised to hear such words.)

BEATRICE

I can't stay here...

MARIO

Stay for a moment...
Beatrice, you have the lines of the moon...
The ways of an apple...
You are blue...

BEATRICE

Ay! The moon... an apple... Blue...

MARIO

Your smile spreads over your face
Like a butterfly...

BEATRICE

...like a butterfly...

(She exits slowly. Mario stares at her lovingly.)

SCENE 4

INT. NERUDA'S HOUSE/LIVING ROOM - EARLY MORNING

(Neruda, wearing his pajamas, opens the front door to Mario.)

NERUDA
Te caíste de la cama?

(Mario saca un paquete de su bolso
y se lo entrega a Neruda.)

MARIO
Vi esto y pensé que era importante.

NERUDA
Sí lo es, tienes razón... Una cinta grabada.

MARIO
Y otra cosa...
Se me ha olvidado darle esto.

(Mario saca una botella de vino y se dispone a
ponerla sobre la mesa. Neruda va a su escritorio
y abre un cajón.)

NERUDA
Espera.
También tengo algo para ti.

(Neruda le da a Mario un cuaderno
forrado de cuero.)

NERUDA
Puede ser útil para anotar tus metáforas.

(Mario sonríe y mira
el cuaderno con admiración.
Neruda se sienta en su escritorio, el cual tiene
una grabadora y un micrófono.
Neruda carraspea y mete el
cassette en la grabadora.)

Ven mira.

MARIO
Es un radio?

NERUDA
No, pero es como un radio.

(Neruda señala el micrófono.)

NERUDA
Hablas aquí, y esto repite lo que
dices.

(Mario se sienta en el sillón.)

MARIO
Repite lo que dices?

NERUDA
Sí

(Neruda empuja el cassette en la grabadora.)

MARIO
Cuántas veces?

NERUDA
Las que quieras. Escucha.

(Neruda activa el switch de la grabadora. La
grabadora toca música.)

VOZ DE ANTONIO
(Palabras de Antonio en la grabadora)

Poeta, soy Antonio. Conmigo están
Cosme, Francisco, Salvador y todos los
demás. Estamos todos. Nos hemos
encontrado para festejar, porque hoy es tu
cumpleaños. Y por eso, brindemos!
Hemos leído tu poesía y hemos tomado
a tu salud. Y ahora, Poeta, recibe este
regalo: tu Canto General se lo pelean.
Ya no se encuentra ninguna copia.
Y vamos a re-publicarlo.
Gracias, Pablo, por habernos dado estas
poesías que nos inspiran a seguir luchando
por la justicia.

(Neruda saca el cartucho de la grabadora y mete
uno nuevo.)

NERUDA
(a Mario)

Es importante hablar por los más desprotegidos.

(al micrófono)

Queridos compañeros: escuché recién
vuestra grabación que me ha alegrado tanto.
Mi Canto General habla por los más
desprotegidos de esta tierra. Me da mucho
gusto publicar el libro en Chile. Me da una
gran alegría. Y ahora... quisiera que
escucharan a uno que aquí ha llegado a ser
un gran amigo mío: Mario Ruoppolo quiere
saludarlos y decirles algo sobre esta
hermosa isla.

NERUDA
Fallen out of bed this morning?

(Mario takes a package out of his bag
and gives it to Neruda.)

MARIO
I saw this, it looks important.

NERUDA
You're right, it's a tape.

MARIO
And then... there's something else I've been
meaning to give you, but kept forgetting.

(Mario takes a bottle of wine out of his bag and
leaves it on the table. Neruda walks to his desk
and opens a drawer.)

NERUDA
Wait a minute.
I've got something for you, too. Here.

(Neruda picks up a leather-bound writing
notebook and gives it to Mario.)

NERUDA
It might be useful for your metaphors.

(Mario smiles and looks
admiringly at the notebook.
Neruda sits down at the desk, which has a
recording machine and a microphone on it.
Neruda clears his throat and starts to place the
cartridge in the recorder.)

Have a look.

MARIO
Is it a radio?

NERUDA
No, but it's like a radio.

(Neruda points to the microphone.)

NERUDA
You speak into here, and this repeats what
you say.

(Mario sits down on the couch.)

MARIO
It repeats what you say?

NERUDA
Yes.

(Neruda pushes the cartridge into the recorder.)

MARIO
How many times?

NERUDA
As many times as you want. Listen.

(Neruda flips a switch on the recorder. The
recorder plays music.)

ANTONIO'S VOICE
(Antonio's words in the recorder)

Dear Poet, this is Antonio. We are
all here, Cosme, Francisco, Salvador
and all the rest. We've come together
to celebrate your birthday.
We drink to that!
We've read your poetry and toasted to
your health. And now, dear poet, here is
our present: your Canto General is sold out.
Not even a single copy can be found.
So we're going to print a second edition.
Thank you, Pablo, for giving us these
poems that inspire us to keep fighting
for justice.

(Neruda takes out the cassette and pushes in
another one.)

NERUDA
(to Mario)

It is important to speak for the weakest.

(to the microphone)

Dear friends: I've just heard your
message and it has made me very happy.
My Canto General speaks for the
weakest in this world. I am delighted
that it will be published in Chile. And
now... I would like to introduce you to
someone who has become a great friend of
mine: Mario Ruoppolo wants to greet you
and say something about this
beautiful island.

MARIO
No.

NERUDA
Sí.

(Mario toma el micrófono pero dirige sus
palabras a la grabadora.)

MARIO
Buenos días.

(Mario mira a Neruda.)

NERUDA
No, ahí.

(Mario habla al micrófono.)

MARIO
(al micrófono) Buenos días.

(a Neruda) Algo sobre esta isla?

NERUDA
Alguna maravilla de tu isla.

MARIO
Beatrice Russo.

NERUDA
(ríe) Sí, muy bien.

MARIO
Okay.

(Neruda toma el micrófono y
lo pone en el escritorio. Se congelan.)

ESCENA 5

EXT. UNA CALLE - DIA

(Donna Rosa habla con un joven cura.
Le ha dado la nota que arrancó del
seno de Beatrice. El cura se sonroja al
tiempo que lee la nota.)

DONNA ROSA
Léamela, padre. Por lo pronto la tengo
encerrada en la casa.

(El cura sujeta la nota como si fuera un
hierro candente.)

CURA
Es un poema.

DONNA ROSA
Léamelo!

CURA
"Desnuda..."

DONNA ROSA
(horrorizada) Madonna!

(Donna Rosa está a punto de desmayarse, pero el
cura la detiene. Ella se recupera y sale de escena
furiosa.)

ESCENA 6

EXT. EN UNA ESQUINA DEL
ESCENARIO, AFUERA DEL CAFÉ

(Mario llama a Beatrice.)

MARIO
Beatrice!

BEATRICE
Mario!

MARIO
Tus ojos...

BEATRICE
Qué?

MARIO
Son como soles...

BEATRICE
Ay! Ay!

MARIO
Me falta tiempo...

BEATRICE
De qué hablas?

MARIO
...para celebrar tus cabellos

MARIO

No.

NERUDA

Yes.

(*Mario takes the microphone, but speaks into the recorder.*)

MARIO

Good morning.

(*Mario looks at Neruda.*)

NERUDA

No, in there.

(*Mario speaks into the microphone.*)

MARIO

(*into the microphone*) Good morning.

(*to Neruda*) Something about the island?

NERUDA

Yes, one of the wonders of your island.

MARIO

Beatrice Russo.

NERUDA

(*laughing*) Yes, very good.

MARIO

OK.

(*Neruda takes the microphone from Mario and places it on the desk. They freeze.*)

SCENE 5

EXT. A STREET - DAY

(*Donna Rosa is talking to a young priest. She has given him the note she took from Beatrice's brassiere. The priest is visibly embarrassed by the note.*)

DONNA ROSA

Read it to me, Father. I'm not letting her out of the house for now.

(*The priest looks at the note in his hand as if it were melting hot.*)

PRIEST

It's a poem.

DONNA ROSA

Read it to me!

PRIEST

"Naked..."

DONNA ROSA

(*horrified*) Madonna!

(*Donna Rosa is about to collapse, but the priest helps her stay on her feet. She recovers and runs out ferociously.*)

SCENE 6

EXT. A STREET CORNER, OUTSIDE THE CAFÉ

(*Mario calls Beatrice.*)

MARIO

Beatrice!

BEATRICE

Mario!

MARIO

Your eyes...

BEATRICE

What?

MARIO

They're like the sun...

BEATRICE

Ay! Ay!

MARIO

I'll run out of time...

BEATRICE

What do you mean?

MARIO

...to celebrate your hair

Y contarlos, y alabarlos,
uno por uno, tus cabellos

BEATRICE

Líneas de luna... azul...

MARIO

De luna

BEATRICE

de noche azul

MARIO

De luna, de noche, tu sonrisa, líneas
de luna como la noche en Cuba

BEATRICE Y MARIO

Azul!

DONNA ROSA

(desde el interior del café, buscando a Beatrice)

Beatrice! Beatrice!

BEATRICE

Adiós!

MARIO

Espera! Beatrice!

BEATRICE

No puedo!

MARIO

Adiós...

(Sale Beatrice apresuradamente.
Mario permanece mirándola partir.)

ESCENA 7

INT. CASA DE NERUDA -
TARDE

(Neruda termina de leer una carta de Chile con
noticias terribles. Una manifestación pacífica de
mineros ha sido violentamente reprimida por el
gobierno. Hay muchos muertos.)

NERUDA

Chile, la sangre de tus hijos
nuevamente

derramada
Hay tantos, tantos muertos...
amarrados, heridos, mordidos, enterrados
Dime Tierra, dime Mar
Cuánta sangre habrá de correr?
Cuántas lágrimas habrá que llorar?

Yo veo, solo, a veces
ataúdes a vela
zarpar con difuntos pálidos
y mujeres de trenzas muertas
y tumbas llenas de huesos sin sonido
como un ladrido sin perro.
Chile, estoy lejos de ti
Amor mío
Quiero llorar como los ríos
y oscurecer en tu noche mineral
Cuando vuelva me amarraré a tu proa
de embarcación terrestre
Y así navegaremos
confundidos
hasta que tú me cubras
eternamente

(Entra Matilde. Neruda va hacia ella.)

Amor mío, ven!
Prométeme:
Si este exilio me llegara a vencer
Regresa el polvo mío
A mi tierra, a mi mar

MATILDE

Y tú, prométeme que juntos
regresaremos
a vivir nuestro amor
y sembrar la esperanza

(Se besan apasionadamente. Neruda recupera la
calma.)

(Matilde saca un disco de su funda, va
al fonógrafo y pone el disco. Neruda
sonríe al escuchar la música. Es la música
de "Comprendo". Matilde se acerca a Neruda
y lo saca a bailar. Ambos cantan mientras
bailan. Mario llega a la mitad de este
momento, pero no lo interrumpe.
Solamente los observa.)

(La escena se interrumpe cuando alguien llama a
la puerta con fuerza. Mario se esconde en cuanto
oye la voz de Donna Rosa.)

And count them, and worship them,
one by one...

BEATRICE

The lines of the moon... blue...

MARIO

...the moon

BEATRICE

...the night is blue

MARIO

Blue, the night, your smile, lines of
moonlight, like the nights in Cuba...

BEATRICE & MARIO

Blue...

DONNA ROSA

(from inside the café, looking for her niece)

Beatrice! Beatrice!

BEATRICE

Good night!

MARIO

Wait!

BEATRICE

I can't!

MARIO

Good night...

(Beatrice exits quickly.
Mario stays looking at her as she exits.)

SCENE 7

INT. NERUDA'S HOUSE -
LATE AFTERNOON

(Neruda has just finished reading a letter that
brings terrible news from Chile. A peaceful
miners' demonstration was violently repressed by
the government. Many miners are dead.)

NERUDA

Chile, the blood of your children
once again

has been spilt
Dead, so many dead...
tied, wounded, bitten, buried
Tell me Earth, tell me Sea
How much blood will be spilled?
How many tears will be wept?

Sometimes, when I'm alone, I see
coffins sail away
with pale cadavers
and women with dead braids
and tombs replete with silent bones
like a hideous bark without a dog
Chile, I am far from you
My love
I want to weep rivers
and grow dark in your mineral night
When I return I will tie myself to the prow
of your terrestrial ship
And thus we'll sail
together
until you cover me
eternally

(Matilde enters. Neruda goes to her.)

My love, come!
Promise me:
Should this exile defeat me
Return this dust of mine
To my earth, to my sea

MATILDE

And you, promise me that we'll go back
together
to continue our love
and sow the seeds of hope

(They kiss passionately. Neruda recovers his
inner peace.)

(Matilde takes a record out of its sleeve, goes to
the phonograph and plays the record. Neruda
smiles as he listens to the music. It is the music of
"Comprendo". Matilde approaches him and they
begin dancing. They both sing along with the
record as they dance. Mario arrives during this
moment, but does not interrupt the scene.
He watches them admiringly.)

(The scene is interrupted by a forceful knock at
the door. Mario hides when he recognizes
Donna Rosa's voice.)

ESCENA 8

INT. CASA DE NERUDA -
IGUAL QUE LA ESCENA ANTERIOR

VOZ DE DONNA ROSA
Señor Neruda! Señor Neruda!

(Mario reconoce la voz de Donna Rosa y se
esconde detrás de un biombo. Neruda abre la
puerta y entra Donna Rosa. Lleva una
escopeta y va directo al asunto que la trae.)

DONNA ROSA
Vine a verlo por algo muy importante!
Mario Ruoppolo ha envenenado a mi sobrina
con metáforas!

NERUDA
(pretende escandalizarse) No!

DONNA ROSA
Sí! Lea esto! Lo ocultaba en el sostén!

NERUDA
(leyendo) "Desnuda... líneas de luna..."
Es muy hermoso!

DONNA ROSA
Pues dígale que si lo vuelvo a ver:
lo mato! Quedó claro?

NERUDA
Sí.

(Donna Rosa azota la puerta.)

ESCENA 9

INT. CASA DE NERUDA -
IGUAL QUE LA ANTERIOR

(Mario se tumba en el sillón. Neruda regresa de
la puerta.)

NERUDA
Quedó claro?

MARIO
Ayúdeme, Don Pablo, qué debo hacer?

NERUDA
Sólo tú puedes saberlo, sólo tú.

(Sale Mario muy triste.)

ESCENA 10

EXT. CAFÉ, BAJO EL BALCON DE
BEATRICE - NOCHE

(Aún sabiendo que su vida corre peligro, Mario
decide ir a ver a Beatrice. Se detiene bajo su
balcón.)

MARIO
Beatrice... Beatrice...
Eres... azul!

(Beatrice abre la ventana del balcón.)

BEATRICE
Me llama... Mario me llama.
Me voy con él.

(Beatrice baja para encontrarse con Mario.)

MARIO
Tu sonrisa...

BEATRICE
...se extiende...

MARIO
...se extiende en tu rostro...

BEATRICE
...sobre mi rostro...

MARIO
...de luna...

BEATRICE
...de noche... azul...

MARIO
...de noche azul como la noche en Cuba
...azul
Desnuda...

SCENE 8

INT. NERUDA'S HOUSE -
SAME AS BEFORE

DONNA ROSA
Señor Neruda! Señor Neruda!

(Mario realizes that it is Donna Rosa, so he
hides behind a screen. Neruda opens the
door and Donna Rosa comes in. She carries a
shot gun and goes straight to the point.)

DONNA ROSA
I've come to see you about something
extremely serious. Mario Ruoppolo has
poisoned my niece with metaphors!

NERUDA
(feigning shock) No!

DONNA ROSA
Yes! Read this! It was in her brassiere!

NERUDA
(reading) "Naked... lines of moonlight..."
It's beautiful!

DONNA ROSA
Just let him know that if I see him again:
I'll shoot him! Is that clear?

NERUDA
Yes.

(Donna Rosa slams the door as she exits.)

SCENE 9

INT. NERUDA'S HOUSE -
SAME AS BEFORE

(Mario collapses in a chair as Neruda comes back
from the door.)

NERUDA
Is that clear?

MARIO
Help me, Don Pablo, what am I to do?

NERUDA
Only you can know that... only you.

(He stands up and leaves extremely sadly.)

SCENE 10

EXT. CAFÉ, UNDER BEATRICE'S
WINDOW - NIGHT

(Aware that he is risking his life, Mario
decides to go to Beatrice. He stands under her
balcony.)

MARIO
Beatrice... Beatrice...
Radiant... blue...

(Beatrice opens the balcony window.)

BEATRICE
He calls me... Mario calls me...
I must go to him.

(Beatrice comes down to meet Mario.)

MARIO
Your smile...

BEATRICE
...spreads...

MARIO
...spreads over your face...

BEATRICE
...made up of night... over my face...

MARIO
...made up of moon...

BEATRICE
...midnight... blue...

MARIO
...midnight blue... like the nights in Cuba...
blue.
Naked...

BEATRICE Y MARIO
...eres azul

DONNA ROSA
(desde el interior del café)

Beatrice!

MARIO
Bella...

BEATRICE
Tuya...

MARIO
Mía por siempre, Beatrice.

BEATRICE
Mario!

MARIO
Desnuda...

BEATRICE Y MARIO
Eres azul...

DONNA ROSA
Beatrice!

MARIO
...mínima...

BEATRICE
...transparente...

MARIO
...desnuda...

BEATRICE
...mariposa...

MARIO
...tu sonrisa...

BEATRICE
...se extiende...

MARIO
...sobre tu cuerpo...

BEATRICE
...sobre mi rostro...

BEATRICE Y MARIO
...como la noche en Cuba...

(Salen lentamente, abrazados a celebrar su amor. Una vez que el dueto termina, y como una transición a la siguiente escena, escuchamos a Donna Rosa, exclamando desde la vacía habitación de Beatrice. Donna Rosa sale a la calle, empuñando su escopeta, exclamando y buscando a los amantes ocultos en la noche.)

ESCENA II

INT. CAFÉ - DIA

(Donna Rosa llora mientras el joven cura trata de consolarla. Todavía tiene en la mano la escopeta que obviamente no sirvió de nada. Mientras tanto, la hostería se va transformando en un salón para celebrar el matrimonio entre Beatrice y Mario.)

(Entre los invitados a la recepción están Neruda, Matilde, el padre de Mario. Donna Rosa guarda la escopeta y se une a la fiesta, junto con el Cura. Mario y Beatrice entran felices. Una vez sentados, el padre de Mario se levanta y dice unas palabras.)

PADRE DE MARIO
Ella decía: "Sólo pido a Jesús que me dé vida para ver a mi hijo con trabajo, mujer e hijo." No vivió para verlo, el Señor la llamó, pero desde el cielo estará feliz de ver a Mario.

MARIO
Bravo, papá!

TODOS
Bravo!

(En el grupo hay un músico que toca el acordeón. Neruda habla con él para pedirle una melodía. En seguida Neruda levanta su copa y anuncia...)

NERUDA
Esta canción para los novios!

(Comienza el acordeonista a tocar.)

BEATRICE & MARIO

...you are blue...

DONNA ROSA

(from inside the café)

Beatrice!

MARIO

You're beautiful...

BEATRICE

I'm yours...

MARIO

Mine for ever, Beatrice.

BEATRICE

Mario!

MARIO

Naked...

BEATRICE & MARIO

...you are blue...

DONNA ROSA

Beatrice!

MARIO

...tiny...

BEATRICE

...transparent...

MARIO

...naked...

BEATRICE

...butterfly...

MARIO

...your smile...

BEATRICE

...spreads...

MARIO

...over your body...

BEATRICE

...over my face...

BEATRICE & MARIO

...like the nights in Cuba...

(They exit slowly, embracing each other. Once the duet finishes, and as a sort of transition to the next scene, we hear Donna Rosa, screaming from inside the house, as she realizes that Beatrice has vanished. She runs out of the café, shot gun in hand, angry, cursing at the night for helping the lovers hide from her sight.)

SCENE 11

INT. CAFÉ - DAY

(Donna Rosa weeps and wails about what's happened while the young priest tries to comfort her. She still holds the shot gun which has obviously proved useless. In the meantime, the café is slowly getting redecorated for Mario and Beatrice's wedding reception.)

(Neruda, Matilde, Giorgio, Mario's father and other reception guests celebrate the wedding that has taken place. Donna Rosa has now put her gun away and has joined the rest of the guests along with the Priest. Mario and Beatrice make their entrance. They are obviously very happy. Once they all sit down, Mario's father, standing, delivers a speech.)

MARIO'S FATHER

She'd say: "I ask Jesus to let me live to see my son with a job, a wife and a child in his arms." She didn't make it because the Lord called her to Him, but today, from heaven she will be very happy to see Mario.

MARIO

Well done, Dad!

EVERY ONE

Bravo!

(In the group there is an accordion player. Neruda discusses a song with him. Neruda then raises his glass and announces...)

NERUDA

This song is for the newly weds!

(The accordion player begins to play.)

NERUDA

Para volar más ligera
Ponte dos hojas de rosa,
Como tu compañera
La mariposa...

MARIO

(Se levanta para pronunciar unas palabras.)

Amigos...

TODOS

Shhhh...

MARIO

(Mario trata de hablar, pero le fallan las
palabras. Finalmente logra encontrar su voz.)

Beatrice... Ruoppolo!

TODOS

Bravo!!! Bravo!!! Por los novios!!!

(Beatrice besa a Mario. Todos aplauden. Neruda
levanta su copa nuevamente.)

NERUDA

Y ahora quiero brindar por mi amigo Mario
y decirle que ha sido un placer haber
contribuido a su felicidad.

TODOS

Bravo. Salud por los novios. Salud!

(Todos brindan y están felices.
Comienza un tango.
Neruda y Matilde empiezan a bailar. Al poco
tiempo Mario y Beatrice hacen lo mismo. Un
mensajero entra con un telegrama importante
y se lo entrega a Giorgio. El semblante de
Giorgio cambia al leerlo: se ve consternado.
Duda qué hacer con el telegrama, pero
finalmente se lo entrega a Neruda.)

GIORGIO

Para usted, Don Pablo.

NERUDA

(Lo lee rápidamente y exclama.)

Epa! Mira mi amor!
Podemos volver!

MATILDE

(entusiasmada)

Volver a Chile!

DONNA ROSA

(charla con el joven cura)

Para nada sirvió la escopeta.

CURA

Vamos! Calma, Donna Rosa, calma!

GIORGIO

(Detiene a Neruda que está a punto de
anunciar la noticia de su regreso a Chile.)

(a Neruda)
Espere, hoy no.
Será triste para Mario.

NERUDA Y MATILDE

Es verdad. Será triste para Mario.

DONNA ROSA

Es mejor festejar que lamentar!
A lo hecho, pecho!
Mejor una boda. Así es mejor!

CURA

Por supuesto. A lo hecho, pecho!
Mejor una boda que un velorio!

PADRE DE MARIO

La llamó el Señor!
Pero allá estará feliz!

GIORGIO

Espere, hoy no, hoy no.

MARIO

Beatrice Ruoppolo...

BEATRICE

Mario Russo...

MARIO Y BEATRICE

Tienes líneas de luna azul...

NERUDA Y MATILDE

Pronto volveremos a Chile...
Nos vamos a casa...

NERUDA
If you want to take to the air
Wear petals of roses and be
Like your soul mate
The butterfly...

MARIO
(Mario gets up to speak to the group.)

Dear friends...

EVERYONE
Shhhh...

MARIO
(Mario tries to speak, but he cannot find the
words. Finally he manages to find his voice.)

Beatrice... Ruoppolo!

EVERYONE
Bravo!! Bravo!! To the newly weds!!

(Beatrice kisses Mario. The guests applaud.
Neruda raises his glass again.)

NERUDA
Now, I'd like to toast my friend Mario, and
say what a pleasure it has been for me to
have contributed towards his happiness.

EVERYONE
Bravo!! Bravo!! To the newly weds!!

(They all toast. Everybody is happy. The party is
in full swing. The accordionist begins a tango.
Neruda and Matilde start dancing. Soon
Mario and Beatrice start doing the same. A
messenger boy comes in with an important
telegram and gives it to Giorgio to read.
Giorgio is visibly upset by its content.
He hesitates about giving it to Neruda, but
after a brief moment, he hands it to him.)

GIORGIO
It's for you, Don Pablo.

NERUDA
(Reads it quickly and exclaims.)

Epa! Look my love!
We are allowed to go back!

MATILDE
(very excited)

Back to Chile!

DONNA ROSA
(chatting to the young priest)

My shot gun was useless.

PRIEST
Calm down, Donna Rosa, calm down!

GIORGIO
(Noticing that Neruda is about to make an
announcement about his imminent return to
Chile, Giorgio decides to stop him.)

Wait, not today.
It will be sad news for Mario.

NERUDA & MATILDE
It's true. It will be sad for Mario.

DONNA ROSA
Better to celebrate than be sorry!
No use crying over spilt milk!
A wedding is much better.

PRIEST
Of course. No use crying over spilt milk.
Better a wedding than a funeral!

MARIO'S FATHER
The Lord called her!
But she'll be happy there now.

GIORGIO
Wait, not today, not today!

MARIO
Beatrice Ruoppolo...

BEATRICE
Mario Russo...

MARIO & BEATRICE
Blue lines of midnight moon...

NERUDA & MATILDE
We'll soon return to Chile...
We're going back home...

MARIO
...transparente...

BEATRICE
...me llama Mario...

MARIO Y BEATRICE
...tu rostro es azul...

TODOS
Vivan los novios! Bravo! Vivan! Salud!

(Un flash capta la foto
de todo el grupo.)

TELÓN

FIN DEL ACTO II

ACTO III

ESCENA 1

CASA DE NERUDA -
TARDE

(Todo está cuidadosamente empacado.
Neruda tiene una maleta en la mano. En segundo
plano, Matilde dispone cosas diversas para el
viaje. Neruda saca un billete de su cartera.)

MARIO
No, Don Pablo, de veras, no.

NERUDA
Pero mañana no tendrás empleo.

(Neruda se guarda la cartera.)

MARIO
No... no quiero nada.

NERUDA
Te voy a extrañar.

MARIO
Yo también, Don Pablo...
me escribe una carta de vez en cuando?

NERUDA
Claro. Todo cambia muy pronto en
mi país. Hoy me permiten volver,

pero mañana algo sucede y tendré que
escapar nuevamente. Voy a dejar
unas cosas. Si pudieras cuidarlas
sólo un tiempo... Yo te aviso a dónde
enviarlas.

MARIO
Mejor se las llevo yo mismo a Chile.

NERUDA
Idea genial!

MARIO
Descubrí otro poeta que escribió sobre
Beatrice. Se llama D'Annunzio.
Lo conoce?

NERUDA
Sí.

MARIO
Usted pudo haber escrito uno también.

(Neruda reacciona. Mario sonríe.
Neruda le da un abrazo.)

NERUDA
Mario, te voy a extrañar.

MARIO
Adiós, Don Pablo.

NERUDA
Adiós.

ESCENA 2

EXT. CALLE

(Mario deambula por la calle. Lleva el cuaderno
forrado de cuero que le regaló Neruda. Se sienta
en algún lugar y abre el cuaderno. Da vuelta a
las páginas, trata de escribir, pero no le sale
nada. Se levanta y sigue caminando.)

ESCENA 3

EXT. CAFÉ/ BAR - NOCHE

(Mario se topa con Giorgio que lo está esperando
afuera del café/bar.)

MARIO

...transparent...

BEATRICE

...Mario is calling me...

MARIO & BEATRICE

...you are like midnight blue...

EVERY BODY

Long live the newly weds! Cheers!

(There is a big flash that photographs the whole group.)

(CURTAIN.)

END OF ACT II

ACT III

SCENE 1

NERUDA'S HOUSE/PATIO - LATE AFTERNOON

(Everything is packed in boxes and trunks. Neruda holds a suitcase. Matilde is in the background preparing for their journey. Neruda takes money from his wallet.)

MARIO

No, Don Pablo, really, no.

NERUDA

But you'll be unemployed tomorrow.

(Neruda puts his wallet in his coat pocket.)

MARIO

No... I don't want anything.

NERUDA

I'll miss you.

MARIO

I'll miss you...
but you will write me?

NERUDA

Of course. Things change very quickly in my country. Today they let me go back,

tomorrow something else will happen and I'll have to flee again. I'll leave some things here anyway. If you could keep an eye on them for me... I'll let you know where to send them.

MARIO

Maybe I'll bring them to Chile myself.

NERUDA

Brilliant idea!

MARIO

I've discovered another poet who wrote about Beatrice, called D'Annunzio.
Do you know him?

NERUDA

Yes.

MARIO

So, you could have written one, too.

(Neruda reacts. Mario chuckles to himself. Neruda embraces him.)

NERUDA

I'll miss you, Mario

MARIO

Goodbye, Don Pablo.

NERUDA

Goodbye.

SCENE 2

EXT. STREET

(During this scene we see Mario walking around, holding the leather bound notebook. He sits down somewhere and opens the notebook. He turns the page, tries to write, but nothing comes to him. He walks on.)

SCENE 3

EXT. CAFÉ/ BAR - EVENING

(Mario finds Giorgio waiting for him just outside the café/bar.)

MARIO

Qué pasa?

GIORGIO

Mira.

(Giorgio tiene un recorte de periódico.)

GIORGIO

Está en Rusia, dando un premio.

(Mario mira el recorte.)

MARIO

En Rusia? Un premio? Si está en Rusia tal
vez pueda visitarnos a su regreso.

GIORGIO

Mario, Mario, es un hombre muy ocupado!
Mucha gente que ver que no vio en el exilio.
No tiene tiempo y pasar por aquí.

MARIO

Qué buena foto... (lee) El joven poeta,
Milovan... Perkovic, recibió un premio de
manos del maestro. Me la puedo quedar?

GIORGIO

No, no puedes. La voy a guardar con las
demás. Ahí la puedes ver cuando quieras.

ESCENA 4

EXT. CALLE

(Un grupo con un megáfono cruza el escenario
pregonando propaganda política a favor
de Di Cosimo.)

MATONES

(por el megáfono)

Vote, vote por Di Cosimo! Agua!
Vote por Di Cosimo,
agua para nuestra isla!
Agua! Vote por Di Cosimo!

(Salen.)

ESCENA 5

INT. CAFÉ/BAR - NOCHE

(Donna Rosa, Beatrice y Giorgio están sentados
alrededor de la mesa. Esperan a Mario. Giorgio
tiene otro recorte de periódico.)

GIORGIO

(leyendo el encabezado)

Mario, Neruda en París!

(Mario entra.)

MARIO

En París?

GIORGIO

Una entrevista con intelectuales,
escucha:

NERUDA

(desde otro plano)

"En Italia fui muy feliz... una vida
solitaria, sin presiones...
la gente más sencilla del mundo."

GIORGIO

"Qué es lo que más extraña?"

NERUDA

"Las playas, las flores y acantilados, el
mar de Italia."

(Giorgio detiene su lectura. Todos lo miran.)

MARIO

Sigue.

GIORGIO

Eso es todo.

MARIO

Oh. Eso es todo?

DONNA ROSA

No nos menciona.

MARIO

What is it?

GIORGIO

Look at this.

(Giorgio has a newspaper clipping.)

GIORGIO

He's in Russia, giving an award.

(Mario looks at the clipping.)

MARIO

In Russia? If he's over there he might pay a visit.

GIORGIO

He's a very busy man, Mario! He must meet the people he didn't see when he was in exile. He won't have time to come here.

MARIO

It's a good picture... *(reading)* The young poet, Milovan... Perkovic, awarded a poetry prize by the maestro. Can I keep it?

GIORGIO

No, you can't. I'll put it in here with all the rest. You can look at it whenever you like.

SCENE 4

EXT. STREET

(A small crowd with a loudspeaker crosses the stage, shouting campaign propaganda in support of Di Cosimo.)

THUGS

(over a loudspeaker)

Vote for Di Cosimo! Fresh water!
Vote for Di Cosimo, who'll
bring water to our island!
Fresh water! Vote for Di Cosimo!

(Exit.)

SCENE 5

INT. CAFÉ/BAR - NIGHT

(Donna Rosa, Beatrice and Giorgio are seated at a table. They are waiting for Mario. Giorgio has a newspaper clipping.)

GIORGIO

(reading the headline)

Mario, Neruda is in Paris!

(Mario walks in.)

MARIO

In Paris?

GIORGIO

He's meeting with other intellectuals, listen to this:

NERUDA

(Neruda lights up)

"I was very happy in Italy... I was in complete solitude, without stress and among the most simple people in the world."

GIORGIO

"What things do you miss the most ?"

NERUDA

"The beach, the flowers and cliffs, the Italian sea."

(Giorgio stops reading. They wait for more.)

MARIO

Go on.

GIORGIO

That's it.

MARIO

Oh. That's it.

DONNA ROSA

He doesn't mention us.

MARIO

Por qué habría de mencionarnos en una
entrevista? Es un poeta. Y los poetas hablan
de la naturaleza... y no de la gente que
conocen.

DONNA ROSA

Pájaro que come, se vuela!
Se ha olvidado de nosotros.

MARIO

Qué está diciendo?

(Media luz sobre los personajes. Se congelan.
Afuera se escucha el megáfono nuevamente.
Un grupo de ruidosos celebra
el triunfo de Di Cosimo.)

VOZ DE UNO DEL GRUPO
DE MATONES

Ja, ja, ja. Ganó Di Cosimo! Y los Demócrata
Cristianos en toda Italia!
Ganamos, ganamos! En toda Italia!

(Salen. Sube la luz
nuevamente e ilumina a los personajes.)

GIORGIO

(enojado)

En toda Italia!

MARIO

Imposible!.

GIORGIO

Ganaron en toda Italia!

MARIO

En toda Italia?

GIORGIO

Eso dicen. Si sólo
Don Pablo estuviera aquí!

MARIO

Don Pablo... Don Pablo... quién sabe dónde
está? Qué está haciendo...

(La luz baja nuevamente. Todos se congelan,
excepto Donna Rosa, que discute angustiadamente
con Di Cosimo mientras cruzan el escenario.)

DONNA ROSA

Sr. Di Cosimo, es una tragedia... Mi
familia... Contábamos con dos años de
trabajo. Hicimos planes, pedimos
préstamos...

DI COSIMO

Lo siento. Es una pena abandonar el trabajo
sin haberlo terminado. Espero iniciarlo
nuevamente en un futuro...

DONNA ROSA

En un futuro!

MARIO

No le haga caso! Nada va a cambiar si
esperamos a que ellos lo hagan!

DI COSIMO

(con gesto amenazante)

Cuidado! Comunista!

(Salen Di Cosimo y Donna Rosa. Sube la luz
nuevamente. Beatrice y Mario están solos.)

BEATRICE

Mario, tengo algo que decirte:
estoy encinta.

MARIO

De veras?

BEATRICE

Sí.

MARIO

Tenemos que irnos de aquí. Nadie nos
entiende. Todos son ignorantes. Iremos a
Chile por el bien de Pablito, para que crezca
y respire poesía....En Chile hay ríos, mares
de plata, cordilleras... Es América!

BEATRICE

Pablito?

(La luz baja nuevamente. La secuencia de malas
noticias es súbitamente interrumpida por un
llamado entusiasta a la puerta.)

MARIO

Why should he mention us in an
interview? He's a poet. Poets
talk about nature... not about the people
they meet.

DONNA ROSA

The bird that has eaten flies away!
He's forgotten all about us!

MARIO

What are you saying?

*(Lights go down on the characters. They freeze.
Outside we hear the loudspeaker again.
A noisy group of thugs are celebrating
Di Cosimo's triumph.)*

VOICE OF ONE OF
THE THUGS

Ja, ja, ja. Di Cosimo won! And the Christian
Democratic Party won the rest of Italy!
We've won! The whole of Italy!

*(They exit. Lights
come up again.)*

GIORGIO

(angrily)

In all of Italy!

MARIO

Impossible!

GIORGIO

They've won in all of Italy?

MARIO

In all of Italy?

GIORGIO

That's what they say.
If only Don Pablo were here!

MARIO

Don Pablo... Don Pablo... who knows where
he is? What he's doing...

*(Lights dim again. Everyone freezes
except Donna Rosa, who talks
to Di Cosimo as he walks across the stage.)*

DONNA ROSA

Mr. Di Cosimo, this is a tragedy for us... My
family... We were counting on those two
years of work. We'd made plans, run up
debts...

DI COSIMO

I know, it's a shame to leave the work half-
completed, but we hope to start again in the
future.

DONNA ROSA

In the future?

MARIO

Don't listen to him! Nothing will change if
we wait for them to do it!

DI COSIMO

(with a threatening gesture)

Careful! You communist!

*(Exit Di Cosimo and Donna Rosa. Lights up
again. Beatrice and Mario by themselves.)*

BEATRICE

Mario, I've something to tell you:
I'm pregnant.

MARIO

Really?

BEATRICE

Yes.

MARIO

We have to leave here. No one understands
us here. They're all too ignorant. We'll go to
Chile, so Pablito will grow up there, breathe
poetry... In Chile there are rivers, silver seas,
mountains... It's America!

BEATRICE

Pablito?

*(Lights dim again. The sequence of bad
news is suddenly broken by an
enthusiastic knock at the door.)*

ESCENA 6

INT. CAFÉ/BAR

GIORGIO (V.O.)
Mario! Una carta de Chile!

(Mario le abre. Donna Rosa está con Giorgio. Entran los dos.)

GIORGIO
Una carta! De Chile!

BEATRICE
Ábrela!

MARIO
Un momento! (lee) Mario Ruoppolo...
(sonríe)

Es la primera carta que recibo!

(Mario abre la carta.)

MARIO
"Santiago, 15 de octobre, 1953. Estimado
Señor: Pido a Usted enviar los objetos
del Señor Pablo Neruda que podrá
encontrar en la casa que habitó durante su
estancia en Italia. Adjunto la dirección y una
lista de los objetos mencionados.
El secretario... el secretario de
Pablo Neruda."

(Mario devuelve la carta al sobre.)

BEATRICE
Y a ti? Ni una palabra, ni un saludo!
Hace un año que se fue!

DONNA ROSA
Les dije: pájaro que come, se vuela!
La gente es amable sólo cuando
te necesita.

MARIO
Otra vez con ese pájaro que come...
Necesitar para qué? Qué hice por él?
Más bien, era yo el que siempre
pedía ayuda: Don Pablo, qué es una
metáfora, enséñeme un poema... Lo
molestaba con tonterías. Y Ustedes dicen
que yo le era útil? Qué hice por él?

Él veía que yo no era poeta, y aún así me
trataba como un amigo.

BEATRICE
No es verdad que no eres poeta. (tocándose
el vientre) Y a él no lo voy a llamar Pablito.

MARIO
Y él qué culpa tiene?
Qué, piensas que soy un poeta?
He escrito algún poema?

GIORGIO
Mario, detente ya...

MARIO
(se limpia la nariz)

Hay que admitirlo... Por qué va a
recordarme? Como poeta, no sirvo...
Como cartero? Comunista?
Menos... Es normal...
Mañana enviamos el resto de
sus cosas.

(OSCURO)

ESCENA 7

INT. CASA DE NERUDA/
SALA

(Mario solo. Está oscuro; sombras largas. Mario
se ve desolado, como un hombre que lo ha perdido
todo. Entre las cajas reconoce el gramófono. Va
hacia él, encuentra un disco y lo pone. Es la pieza
que bailaban Neruda y Matilde.)

VOZ EN EL DISCO
"Comprendo, que tus besos,
jamás han de ser míos,
Comprendo que en tus ojos,
no me he de ver jamás"

(La escucha un momento y después apaga el
aparato. Mario camina por la sala como si fuera
un fantasma. Ve el escritorio y acaricia el
tintero, la grabadora y el micrófono. Enciende la
grabadora que muestra una lucecita en el tablero
de controles. Mario empuja el cassette.)

SCENE 6

INT. CAFÉ/BAR

GIORGIO (V.O.)
Mario! A letter from Chile!

(*Mario lets him in. Donna Rosa is with Giorgio and comes in too.*)

GIORGIO
A letter from Chile!

BEATRICE
Open it!

MARIO
Wait! (*reading*) Mario Ruoppolo... (*chuckles*)

It's the first letter I've ever received.

(*Mario opens the letter.*)

MARIO
"Santiago, 15th October, 1953. Dear Sir, I ask you to send me some objects belonging to signor Pablo Neruda which are to be found in the house where he lived during his stay in Italy. Address enclosed and a list of the above-mentioned objects. The secretary... the secretary of Pablo Neruda."

(*Mario puts the letter into the envelope.*)

BEATRICE
And for you? Not a word, not a greeting - and he left over a year ago.

DONNA ROSA
I told you: the bird that has eaten flies away! People are kind only when they need you!

MARIO
Not again with that "bird that has eaten..." And need me for what? What did I do for him? In fact, it was always me who would ask for help: Don Pablo, what is a metaphor... show me a poem... I'm the one who bothered him with trifles. And you say I was useful... what did I do?

He knew I was no good as a poet, and even so, he treated me like a friend.

BEATRICE
It's not true that you're no good. (*touching her belly*) And I'm not calling him Pablito.

MARIO
What has the baby got to do with it? Why, do you think I'm a poet? Have I ever written anything, any poems?

GIORGIO
Mario, stop...

MARIO
(*sniffs*)

Admit it... Why should he remember me? As a poet, I'm not much good... As a postman? As a Communist? Not even that. It's quite normal. Tomorrow we'll send the rest of his things off.

(DARK)

SCENE 7

INT. NERUDA'S HOUSE/
LIVING ROOM

(*Mario is in the living room. It's dark; there are long shadows. Mario looks desolate. He feels he has lost everything. Amongst the boxes he sees the phonograph. He walks up to it, picks up a record and puts it on. It is the song that Neruda danced with Matilde.*)

VOICE ON THE RECORD
"I understand that your kisses will never be mine, I understand that in your eyes, I'll never see myself"

(*He listens to it briefly, then turns it off. Mario moves through the room like a ghost. He sees the desk and touches an ink well, then the recorder microphone and recorder. Mario turns on the recorder as a white light illuminates on the front panel. Mario pushes in a cartridge.*)

NERUDA

(en la grabadora)

Queridos compañeros... escuché recién
vuestra grabación... que me ha alegrado
tanto. Mi Canto General habla por los más
desprotegidos de este mundo.
Me da mucho gusto publicar el libro en
Chile. Me da una gran alegría. Y ahora,
amigos queridos quiero presentarles a un
amigo muy especial que quiere
saludarlos y decirles algo sobre esta
hermosa isla.

MARIO

(en la grabadora)

No.

NERUDA

Sí.

MARIO

Buenos días.

NERUDA

No, ahí.

MARIO

Buenos días.
Algo sobre esta isla?

NERUDA

Sí, alguna de las maravillas de tu isla.

(Mario sonríe.)

MARIO

Beatrice Russo.

NERUDA

(ríe)

Sí. Muy bien.

MARIO

OK.

(OSCURO)

ESCENA 8

EXT. VARIAS LOCACIONES

*(Oímos las voces de Mario y Giorgio en la
oscuridad.)*

MARIO

Estás seguro que va funcionar?

*(Vuelan chispas eléctricas mientras tratan de
conectar la batería.)*

GIORGIO

Si funciona adentro, funciona afuera.

*(Giorgio junta dos alambres para
hacer una conexión eléctrica.
Súbitamente se encienden las luces.)*

GIORGIO Y MARIO

Eh! Funciona! Funciona!

GIORGIO

Adelante!

EXT. VARIOS ESCENARIOS
QUE ILUSTRAN LO QUE
MARIO GRABA

*(Giorgio y Mario en la playa, con un carrito de
bebé que lleva una batería y la grabadora.
Mario prueba el micrófono mientras que Giorgio
opera la grabadora.)*

MARIO

Uno, número uno: olas pequeñas...
Dos: olas grandes...
Viento fuerte...
Mar sobre las rocas...
El acantilado...
Campanas... La Catedral en domingo...
Redes... Tristes redes...
Estrellas en el cielo...
Amanecer frente al mar...

NERUDA

(voice coming out of the recorder)

Dear friends: I've just heard
your message and it has made me very
happy. My Canto General speaks for the
weakest in this world.
I am delighted that it will be published in
Chile. And now... I would like introduce
you to someone who has become a great
friend of mine: Mario Ruoppolo wants to
greet you and say something about this
beautiful island.

                    MARIO

(over recorder)

No.

                    NERUDA

Yes.

                    MARIO

Good morning.

                    NERUDA

No, there.

                    MARIO

Good morning.
Something nice about the island?

                    NERUDA

Yes, one of the wonders of your island.

(Mario smiles.)

                    MARIO

Beatrice Russo.

                    NERUDA

(laughing)

Yes. Very good.

                    MARIO

OK.

(DARK)

SCENE 8

EXT. VARIOUS LOCATIONS

(We can hear the voices of Mario and Giorgio,
still in the dark.)

                    MARIO

Are you sure it will work?

(Sparks fly as they try to
connect the battery.)

                    GIORGIO

If it works inside, it'll work outside.

(Giorgio touches two wires together,
making an electrical connection.
Suddenly bright lights come on.)

                    GIORGIO AND MARIO

Eh! It works! It works!

                    GIORGIO

Go ahead!!

EXT. VARIOUS LOCATIONS
THAT ILLUSTRATE WHAT
MARIO RECORDS

(Giorgio and Mario on the beach, with a baby
carriage containing the battery and recorder.
Mario speaks into the microphone as Giorgio
operates the recorder.)

                    MARIO

One, number one: small waves...
Two: big waves...
Strong wind...
Sea over the rocks...
The cliff...
Bells... The Cathedral on Sunday...
Fishing nets... Sad nets...
Stars in the sky...
Sunrise by the sea...

INT. CUARTO DE MARIO Y
BEATRICE

*(Mario pone el micrófono en
el vientre de Beatrice. Giorgio
escucha con los audífonos.)*

GIORGIO

Se oye todo!

BEATRICE

De veras?

(Mario pone el oído sobre el vientre de Beatrice.)

MARIO

El corazón de Pablito!

BEATRICE

No lo vamos a llamar Pablito.

(BAJAN LAS LUCES)

ESCENA 9

EXT. CAFÉ/BAR -
POCOS AÑOS DESPUÉS

(Neruda Y Matilde caminan hacia el café.)

NERUDA

Es curioso...

MATILDE

Qué?

NERUDA

Siento que hemos regresado a casa. El sonido
del viento, el olor del mar...
Es regresar a mí mismo, a la poesía,
después de un largo viaje.

MATILDE

Es aquí en donde vivimos nuestro amor más
intenso.

NERUDA

Y supuestamente vivíamos en el exilio.

MATILDE

*(toca amorosamente los labios de Neruda con
el dedo)*

El exilio comienza cuando dejas de amar.
Dame un beso.

NERUDA

Un beso te doy
Y ahora, busquemos a Mario!

*(Se besan. Entran en el café. Miran la foto de la
boda colgada en la pared. Ahí están todos: Mario,
Beatrice, Donna Rosa,
Neruda y Matilde.)*

*(Una pelotita entra por una puerta lateral y
detrás de ella viene Pablito, el hijo de Mario y
Beatrice. Pablito mira a la pareja.)*

MATILDE

Mira la foto. Hola, cómo te llamas?

BEATRICE (V.O.)

Pablito, ven! Ven con mamá...

(Beatrice aparece por donde entró Pablito.)

*(Beatrice se detiene al percatarse de la presencia
de Neruda y Matilde.)*

BEATRICE

*(indica a Neruda y Matilde que tomen
asiento)*

Ve a jugar a tu cuarto,
ahora te alcanzo.

*(Neruda y Matilde se sientan a la mesa en
donde esta una grabadora. Beatrice
se sienta con ellos.)*

MATILDE

Pablito...?

BEATRICE

Cuando le dije de mi embaraso
Estaba feliz
"Lo llamaremos Pablito!
Para que oiga y aprenda poesía!"
Éramos muy felices
Mario escribía a todas horas
A mí me gustaba
Soñaba con ir a Chile...
Lo extrañaba
Estaba muy triste

INT. MARIO & BEATRICE'S
HOUSE/BEDROOM

(*Mario holds the microphone against
Beatrice's burgeoning stomach as Giorgio,
wearing headphones, operates the recorder.*)

GIORGIO
You can hear everything!

BEATRICE
Really?

(*Mario holds his head against Beatrice's stomach.*)

MARIO
Pablito's heart!

BEATRICE
I'm not calling him Pablito.

(*LIGHTS FADE*)

SCENE 9

EXT. CAFÉ/BAR -
A FEW YEARS LATER

(*Neruda and Matilde walk towards the café.*)

NERUDA
It's curious...

MATILDE
What?

NERUDA
It feels like coming home. The
sound of the wind, the smell of the sea...
It's like coming back to myself, to poetry,
after a long journey.

MATILDE
It's here that we've loved each other most
intensely.

NERUDA
And we were supposedly in exile.

MATILDE
(*touching his lips with her
finger*)

Exile begins the moment one ceases to love.
Kiss me.

NERUDA
Here's my kiss
And now, let's find Mario!

(*They kiss and enter through the doorway. They
look at a wedding photograph on the wall. They
are all there, Mario, Beatrice, Donna Rosa,
Neruda and Matilde.*)

(*A white ball bounces across the room. Mario
and Beatrice's son Pablito enters and retrieves
the ball. He looks at Neruda and Matilde.*)

MATILDE
Look at the photo. Hi, what's your name?

BEATRICE (V.O.)
Come here, Pablito! Come to mom...

(*Beatrice walks through a doorway,
drawing back a curtain.
She stops short and stares
at Neruda and Matilde.*)

BEATRICE
(*she speaks as she signals Neruda and Matilde to
sit down*)

Pablito, go play in your room.
I'll come shortly.

(*Neruda and Matilde sit at a table on
which there is a tape recorder. Beatrice
walks across the room.*)

MATILDE
Pablito...?

BEATRICE
When I told him I was pregnant
He was so happy
"We'll name him Pablito!
So he hears and learns poetry!"
We were so happy
Mario wrote a lot
I liked it
He dreamt of going to Chile...
He missed you
He was very sad

Hablaba de dar voz
A los más desprotegidos
Los pescadores, sus tristes redes...
La injusticia lo aturdía
lo desgarraba

Una manifestación comunista lo invitó a
leer un poema... Yo no quería que fuera,
pero no me escuchó. "Don Pablo estaría
orgulloso de mí."

Pablito no lo conoció. La gente se tornó
violenta. Llegó la policía.
Mario quedó atrapado.

(*El escenario se vuelve blanco y negro. Actores
representan la escena siguiente. Pero todos están
mudos y se mueven en cámara lenta, como si
fuera una vieja cinta noticiosa.*)

PRESENTADOR
(*por las bocinas*)

Comaradas! Camaradas!
Dejen pasar al compañero Mario Ruoppolo...
Viene a recitar un poema. Está dedicado al
grandísimo maestro, Pablo Neruda!

CORO
Arriba pobres de este mundo
En pie los esclavos sin pan
Atruena la razón en marcha
Es el fin de la opresión
El mundo va a cambiar
Es el fin de la opresión
Realicemos todos juntos
El esfuerzo redentor
Arriba los pobres de este mundo
Ah...

BEATRICE
Mario, no quiero que vayas... Mario, no
vayas... Ya viene Pablito... Me siento mal...
Mario... Ah!

PRESENTADOR
Camaradas! Mantengan la calma. Llegó la
policía! No corran! Hay gente atrapada,
cuidado! Mantengan la calma... es un
poema... cuidado!

(*Se escucha la violencia que se desata: sirenas de
policía, balas y finalmente... silencio.*)

NERUDA
Yo veo solo a veces, ataúdes a vela zarpar
con difuntos pálidos
Y ahora tú, Mario, ahora tú
Amortajado, te alejas para siempre

BEATRICE
Tome, Mario le dejó esta carta.

(*Beatrice le entrega a Neruda
una carta de Mario.*)

(*Conforme se escucha la voz de Mario, el
escenario cambia para mostrar los varios
momentos de la historia. Neruda y Matilde salen.
Neruda, solo, camina por la playa.
La voz de Mario se escucha por todas partes.*)

MARIO
(*Neruda canta junto con Mario.
algunas de estas líneas.*)

Querido Don Pablo, soy yo, Mario.
Espero se acuerde de mí. Recuerda
que una vez me preguntó sobre algo
hermoso en la isla? No pude pensar
en nada. Pues ya lo pensé. Así que
le envío esta cinta. Cuando se fue,
Don Pablo, sentí que todas las
cosas bellas se habían ido con Usted.
Pero ahora me doy cuenta y veo lo que tengo
aquí. Don Pablo, quiero decirle...
escribí un poema. Pero no se lo pongo,
me da vergüenza. Me han invitado
a leerlo en público. Es sobre el mar que me
enseñó a amar, el mar de Italia.
Se lo dedico a Usted, Don Pablo, de su
amigo Mario. Es un canto, un canto.
Don Pablo, si no hubiera llegado a mi vida,
nunca lo hubiera escrito. Es para Usted...
Y si me tiembla la voz,
es el llanto del mar.

FIN

He spoke of giving voice
to the weakest
The fishermen, their sad nets...
He was stunned by so much injustice
He was torn by it

There was a communist demonstration. He
was invited to read a poem... I didn't want
him to go, but he wouldn't listen. "Don
Pablo would be proud."

Pablito never met him. People turned violent
and the police moved in on the crowd.
Mario was trapped.

(The stage turns black and white. Extras
come in to enact the scene. But they are all
mute and move in slow motion, as if it were an
old news reel.)

SPEAKER

(over loudspeaker)

Comrades! Comrades!
Let Mario Ruoppolo onto the platform.
He will read a poem. He's dedicated it to the
great poet Pablo Neruda!

CHORUS

Arise, wretched of the earth
Arise, convicts of hunger
Reason thunders in its volcano
This is the eruption of the end
The world is about to change its foundation
This is the end of oppression
Let's all gather together
This is the final struggle
Arise, wretched of the earth
Ah...

BEATRICE

Mario, I don't want you to go... Mario, don't
go... Pablito is coming... I don't feel well...
Mario... Ah!

SPEAKER

Comrades! Stay calm. The police have
moved in! Don't run! Some people are
trapped! Careful! Stay calm... it is a
poem... careful!

(We hear the sounds of violence, then the sirens,
bullets and finally silence once again.)

NERUDA

Sometimes, when I'm alone, I see coffins
sail away with pale cadavers
And now you, Mario, now you
Shrouded, you leave, for ever

BEATRICE

Here, Mario left this letter for you.

(Beatrice hands Neruda
a letter Mario wrote for him.)

(As Mario's voice is heard, the
stage changes to bring back various moments of
the story. Neruda and Matilde
exit. Neruda alone walks through the island.
Mario's voice can be heard everywhere.)

MARIO

(Neruda joins Mario in some parts of this aria.
They sing in unison.)

Dearest Don Pablo, it's me, Mario.
I hope you still remember me. Do you
remember that you once asked me to say
something nice about my island? I couldn't
think of anything. Now I know. So I want
to send you this tape. When you left here,
Don Pablo, I felt as if you'd taken all the
beautiful things away with you.
But now... now I realize what I have
here. Don Pablo, I also want to tell you...
I've written a poem. But you can't hear it
because I am embarrassed. I've been asked to
read it in public. It's about the sea, the sea
you taught me to love, the sea of Italy. It's
dedicated to you, Don Pablo, from your
friend Mario. It's a song.
Don Pablo, if you hadn't come into my life,
I would never have written it. It is for you.
And if my voice trembles,
it's the sea's gentle tears.

THE END